韩兴娥课内海量阅读丛书

让孩子踏上
阅读
快车道

上　　韩兴娥 —— 著　　第2版

江西人民出版社
Jiangxi People's Publishing House
全国百佳出版社

图书在版编目（CIP）数据

让孩子踏上阅读快车道：全2册／韩兴娥著．
2版．-- 南昌：江西人民出版社，2024.7．--（韩兴娥课内海量阅读丛书）．-- ISBN 978-7-210-15321-4
Ⅰ．G623.232
中国国家版本馆CIP数据核字第2024RV4549号

让孩子踏上阅读快车道（全2册） 　　　　　　　　　　　韩兴娥　著
RANG HAIZI TASHANG YUEDU KUAICHEDAO（QUAN 2 CE）

策 划 编 辑：王一木　杨　帆
责 任 编 辑：胡文娟
书 籍 设 计：游　珑

 江西人民出版社　出版发行
　　　　　　　Jiangxi People's Publishing House
　　　　　　　全国百佳出版社

地　　　　址：江西省南昌市三经路47号附1号（邮编：330006）
网　　　　址：www.jxpph.com
电 子 信 箱：jxpph@tom.com
编辑部电话：0791-86899133
发行部电话：0791-86898815
承　印　厂：江西润达印务有限公司
经　　　　销：各地新华书店

开　　本：787毫米×1092毫米　1/16
印　　张：29
字　　数：460千字
版　　次：2015年2月第1版　2024年7月第2版
印　　次：2024年7月第1次印刷
书　　号：ISBN 978-7-210-15321-4
定　　价：60.00元
赣版权登字 –01-2024-319

版权所有　侵权必究
赣人版图书凡属印刷、装订错误，请随时与江西人民出版社联系调换。
服务电话：0791-86898820

自 序

朋友问："如果没有外力的推动，你会不会走上这条与常规教学大相径庭的'课内海量阅读'之路？"我说："当然会。"走这条路是因为在我心中有着坚定执着的追求。从1987年当上语文老师的那天起，到2000年，我按常规教学了14个年头，虽然其中也有小的成就，但看到有的六年级学生竟然写不出通顺的文章，甚至一篇简单的课文反复朗读数遍，还是读得结结巴巴的，我对我的教学产生了严重的怀疑。

2000年，区里引进了韵语识字教材，我实现了从教一本教材到教两本教材的转变。教一本累，教两本更累，因为我的思维还停留在让学生"学一课会一课"的定式上。当学生上三年级时，我惊奇地发现，他们对文字的感悟能力远远强于以前的学生，被听课的领导誉为"个个是播音员，人人是小天才"。于是我这个从来不讲公开课的老师被大江南北的老师关注。2006年，这届学生毕业时，"两周教完教材"已广为传播。但我的教法、理念对不对，我也不明白，因为一切都是摸着石头过河，跟着感觉走而已。2006年，我又执教了一个一年级。这7年，我所在的青年路小学的领导、同事给了我很大的支持，我对他们永远心存感恩。我的学生家长大多是下岗工人或小商贩，他们没有时间也没有精力辅导孩子。但他们认为老师的话都是正确的，对我那些尚处在摸索阶段的不成熟的教法毫无异议。他们任由我"折腾"，只要不要求他们自己辅导孩子学习就行。我感激他们给了我一段自由的横冲直撞式"折腾"的时光。

2007年，我调到新建的潍坊北海学校，再次从一年级教起。卸掉了班主任这个重担，有了空闲时间，也因为必须向北海学校这些高学历的家长交代，我天天在博客上写文章，每周给家长写一封信。于是一部以2007级低年级学生的教学笔记为主，兼有小部分2000级学生教学记录的《让孩子踏上阅读快车道》于2009年出版。

2007—2013年这7年，是我的教学方法逐渐成熟的7年，是与教坛数十年的"扎扎实实教课本"的常规理念不断碰撞的7年。这群家长对教育教学标准高、要求严，他们不断怀疑"课内海量阅读"是不是增加了学生的课业负担，会不会使得孩子学得不扎实……这些质疑使我在憋气窝火的同时不断反思、改进自己的教学方法，使每个学生都成功的"星级达标"理念也因此逐渐形成，我的教法也日益成熟。

2007级学生升入中学后表现突出，尤其是当年的学困生竟然也成了优秀学生，为我在当地赢得了良好声誉。2014年，我在他们小学毕业一年后，再次执教一年级。这级学生家长对"课内海量阅读"已少了很多怀疑，更多的是赞同和支持。同时，追随和践行"课内海量阅读"的教师在网上自发形成了"海量阅读同步实验团队"。在众多家长和老师的支持下，"课内海量阅读"这条路越走越平坦。

翻开自己 7 年前写的《让孩子踏上阅读快车道》，打开近几年的教学笔记，发现当年一些被我抛弃的教学方法，现今依然适合处于艰难起步阶段的教师和经济困难地区的教师。那些已被抛弃的教法记录的是在缺乏图书和支持的情况下如何实现全班共读的经历，因此再版《让孩子踏上阅读快车道》时，我不仅增加了自己近年来的"课内海量阅读"新教法，也保留了一些过去的教法。2000 级，我任教的班级是一班；2007 级，我任教的是七班；2014 级，我任教的是五班。这套书的文字来自这三届的教学笔记，大家可以从中了解"课内海量阅读"实验的探索过程。期盼有更多的教师冲破常规教学的束缚，带领孩子们一起踏上阅读快车道。

韩兴娥

二〇一五年一月

韩兴娥老师的
语文之道与教育情怀

　　学好小学语文教材，对于提高学生的语文水平固然可以起到一定的作用，可是，"语文教材无非是个例子"（现代教育家叶圣陶语），如果将教材当成学习语文的全部，那大幅度提高语文水平则绝无可能。不要说作家，就是连读写能力比较好的小学生，也不是因为只学好了语文教材就写好了作文的。海量阅读甚至经典背诵，才能让自己拥有文化的底蕴。

　　在这方面，韩兴娥老师是一位真正的觉悟者与践行者。2005年我去采访她的时候，她早已在小学语文教学上进行了大刀阔斧的改革。绝大部分语文教师一个学期才教完一本教材，她只需两周，剩余的时间，则让学生进行"课内海量阅读"。

　　这种"冒天下之大不韪"的改革，阻力之大是可想而知的。可是韩兴娥老师却坚持认为，语文教材只是"例子"，安排两周教学时间足矣。一册小学语文教材只有二三十篇课文，而且多是白话文，语文老师却要用上一个学期的时间讲授。于是，教师不得不反反复复地讲，有时甚至会出现不讲学生还明白，越讲学生反而越糊涂的尴尬局面。

韩兴娥老师认为，学生学习的巨大潜能，多是在教师无休无止而又味同嚼蜡的讲授中逐渐被消磨掉的。学生由此不再喜欢语文，进而不再喜欢读书，只是机械地完成教师布置的语文练习题。学生一旦小时候就讨厌了语文学习，则会在往后的日子里失去对阅读的兴趣。而终身阅读，才能提供一个人生命成长所需的精神营养。

正是基于这种思考，韩兴娥老师逆风而上，用两周时间教完规定的教材后，便在课内让学生进行海量阅读。这让孩子们看到了另一个广阔而神奇的世界，学习语文成了他们的最爱，也让他们踏上了阅读的快车道。

那么，韩兴娥老师如此教学会不会影响到学生的考试成绩呢？刚开始的时候，她的学生的考试成绩比其他班的学生稍微低一点儿，但是，不用太长时间，特别是到了高年级后，她的学生的成绩非但不会落后，甚至比其他班级的学生的成绩还略胜一筹。这种现象说明了一个道理：海量阅读才是提升学生语文水平之道，也是提升教师教学水平的不二法门。

也许有人会提出疑问：韩兴娥老师的"课内海量阅读"有那么多阅读甚至背诵的内容，会不会增加学生的负担呢？回答也是否定的。其实，人们对于学生负担过重的理解有时是偏颇的。老师毫无情趣的"满堂灌"，加上布置大量重复而低质的作业，才是增加学生负担的真正原因，而且还增加了学生的心理负担，以及对语文学习的抵触。

我曾多次走进韩兴娥老师的课堂，学生学习的情景至今历历在目：何止于没有学习的负担，简直是一个乐此不疲地阅读的画面。因为学生从韩兴娥老师为他们提供的海量文本中，领略到了文质兼美的文字之妙，感受到了语文课堂学习竟然如此轻松愉悦。他们的阅读量是其他学

⑤

生阅读量的十几倍甚至几十倍，写起作文来得心应手者比比皆是。更重要的是，他们由此爱上了阅读，到了初中、高中再学习语文及相关学科的时候，有了超越其他同学的优势，更有了乐在其中又轻松自如的学习感觉。最让人欣喜的是，他们由此爱上了读书，进而终身与书为伴，让精神生命呈现出一道又一道绚丽的文化风景。

韩兴娥老师不仅仅知道"课内海量阅读"的意义，也不只是在这方面进行了大胆的改革实践，她还有一种为师者的教育情怀。在她看来，孩子只有一个童年，如果这个时段不能爱上读书，就有可能在未来的生命历程中与阅读渐行渐远。人们常说为孩子奠定终生幸福的关键是要"听其言而观其行"，知行不一是没有意义的。韩兴娥老师不但大声疾呼让孩子们海量阅读，而且还带有一种神圣的使命感。所以，不管风吹雨打，她都一路坚持下来。她不在乎别人的讥讽与打击，也不得意于别人的称颂与表扬，因为在她看来，这些与她没有多大的关系。她是一个极其纯朴真实的人，她只想当一个被孩子喜欢的老师，只想让每个孩子的童年快乐幸福，只想传承优秀文化，为孩子点亮人生。

近几年，韩兴娥老师成了全国名师。可在她的心里，她还是当年的那个韩兴娥，她的信念与情怀没有变，她对孩子的爱一往情深。不过，对于如何通过"课内海量阅读"让孩子踏上阅读快车道，她有了更多的感悟与更深的研究，也有了不少让她惊奇不已的新发现。所以，对于这一原本就非常畅销的《让孩子踏上阅读快车道》，她又做了认真的审阅与修订，增加了不少有意义的内容。相信这本交由江西人民出版社出版的书稿会继续受到读者的欢迎。

陶继新

中国孔子基金会传统文化教育分会副会长、山东教育社原总编辑

目 录

第一章 解读"课内海量阅读"

1 "课内海量阅读" 享受职业幸福……3
  一、享受阅读,浸润书香……3
  二、爱学生是一种能力……5
  三、家长、学生喜欢"课内海量阅读"……7

2 "课内海量阅读" 人人皆可为之……12
  一、缺点成就海量阅读……12
  二、"课内海量阅读"是一般老师的行为……16

3 语文教学至简为上 人生法则从简如流……24
  一、"家常课"随意听……24
  二、化繁为简诵读古诗……26
  三、课堂直播与拒绝公开课都是因为简单……28
  四、"阅读星级评价"让每个孩子收获成功……29

4 语文教学:"读"才是硬道理……32

　　一、先广泛阅读后创造……33

　　二、琅琅书声从学习拼音开始……35

　　三、低年级强化朗读训练……36

　　四、"课内海量阅读"要强化诵读难点……37

　　五、"小老师"让全班书声琅琅……39

第二章　气定神闲海量学习拼音

1 引言……43

2 海量听录音跟读……45

　　一、第一本教材:《学拼音儿歌77首》……45

　　二、第二本教材:学生姓名……50

　　三、第三本教材:《三字童谣》……52

3 保证学生有效学习的策略……56

　　一、"指读"使学生注意力集中……56

　　二、用印章换奖品激励学生……57

4 海量拼读分级达标,有教无类……63

5 学习拼音小窍门……70

　　一、适当加快单韵母与声母的教学速度……70

　　二、从整体到部分,定位认读字母……70

　　三、让故事伴随孩子们成长……72

　　四、妙用情境歌、情境图来分辨字母……73

五、书写字母要强化整体……74

　　六、分辨复韵母可以看嘴形猜是哪个复韵母……74

6 2000年、2007年教一年级的经历……75

　　一、让人畏惧的黑色九月……75

　　二、淡如清水的九月……76

第三章　一年级通过海量诵读儿歌认识2000字

1 引言……91

2 "韵语识字"使教与学有的放矢……96

3 诵读《儿歌100首》系列，一举数得……101

　　一、《儿歌100首》系列使所有资质、基础不同的学生都能在课内海量读起来……101

　　二、《儿歌100首》系列的教学方法……104

　　三、儿歌的温馨故事……109

　　四、儿歌教案……116

4 学习《成语接龙》，积累词语复习拼音……123

　　一、集体预习读准字音，竞选"小老师"……123

　　二、边诵读边运用的高效新授课……128

5 天高任鸟飞……133

　　一、第N本读本……133

　　二、彩色空心字与字理识字……135

　　三、多布几块云彩下雨……136

6 低年级经典诵读起步教学……138

　　一、正音在先……138

　　二、简单理解……140

　　三、一年级下学期课堂纪实……142

第四章　语文课本的教学

1 引言……151

2 低年级课本的阅读教学要淡化理解、强化诵读……152

　　一、蹒跚学步的一年级上学期……152

　　二、渐行渐稳的一年级下学期……159

3 中高年级课本教学……163

　　一、夯实基础的备课……163

　　二、两周学完更扎实……167

4 挣脱考试的枷锁……174

　　一、我的考试评价观……176

　　二、夯实写字基础……185

　　三、保证考试成绩的三项练习……192

5 澳大利亚考察报告《东西方母语教学现状比较》……198

　　一、夹缝中的汉语教学……198

　　二、踏上澳大利亚交流、学习之旅……200

　　三、重视学以致用的澳大利亚教育……200

　　四、雾里看花的澳大利亚英语教学……202

　　五、至高无上的母语教学……205

第一章

解读"课内海量阅读"

课外书如何在课内读？会不会加重学生负担？会不会让阅读变成快餐？普通老师能不能做好？

"课内海量阅读"
享受职业幸福

抛弃只教课本的传统,不是为了表现我有多大的勇气进行大刀阔斧的改革,而是为了享受自己的职业幸福——学生爱上读书,老师才能享受到职业幸福。

一、享受阅读,浸润书香

"买了这么多书,孩子就是不读,怎么办呢?"无数家长叹息。

"都上六年级了,课文已读了几十遍了,你怎么还结结巴巴?要读多少遍你才能读流畅?"数不清的老师恼怒。

…………

"下课不准看书,否则要挨罚。"我这样吓唬学生,担心书迷们视力下降。

"韩老师的学生个个是播音员,不经预习就能流畅地朗读,两个星期学完一本语文教材对他们来说太轻松了。"我的同事、家长如是说。

…………

两者之所以相差千里,是因为我的"课内海量阅读"。

大量阅读是学好语文的不二法门,这几乎是所有老师和家长的共识。

提升阅读能力是学好各门功课的基础,阅读能力强的学生不一定考第一,但各门功课往往都不会差。

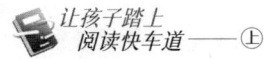

为什么有些学生在童年时期聪明伶俐,理解力强,勤学好问,而到了少年时期,却变得智力下降,对知识的态度冷淡,头脑不灵活了呢?就是因为他们不会阅读!

通过阅读而激发起来的思维,好比是耕耘得很好的土地,只要把知识的种子撒上去,就会发芽成长,取得收成。……学生对书籍的思考越多,他的内心由于书籍而激发的喜爱感就越强烈,他学习起来就越容易。

苏霍姆林斯基一次又一次地告诉我们要相信书籍的力量。

阅读是学生获得幸福的基础。喜欢学习的孩子在学校里会感到幸福,而讨厌学习的孩子在学校里会感到痛苦。从小学到高中毕业,无论能不能上大学,这十多年的学校生活是大部分孩子都要经历的,不爱学习的孩子如何忍受这漫长的岁月?所以,语文老师的首要责任是让孩子喜欢阅读,因为喜欢阅读的孩子的学习能力往往比较强。

阅读能力不是随着年龄的增加而提升的。在小学低年级阅读能力没有得到培养的孩子,年级越高则学习越吃力,进而渐渐丧失学习的兴趣;相反,喜欢阅读的孩子,年级越高学习则变得越容易。对那些阅读能力弱的孩子来说,读书的快乐是水中月、镜中花。老师和家长要加强对阅读能力弱的孩子的引领,用书香浸润他们的人生。

于是,我从一年级学生入学的第一天开始,就引领他们走上"海量阅读"之路。学习一本语文课本,一年级如果除去拼音教学的时间,二至六年级除去写字的时间,单算阅读教学两个星期就能完成。到了高年级,我们师生与经典同行,与圣贤为伍,高谈宇宙之奥秘,纵论天下之文章;妙语连珠,有华章迭出之美;激扬文字,呈大气磅礴之势。读书成为幸福之旅,教学变为愉快之行。道家的谦下养生,儒家的精进利生,涤荡着教师职业中的浮躁、茫然,使我们师生变得从容、优雅。

从胸无点墨到腹有诗书的巨变,需要家长和老师的共同努力。这条充满鸟语花香的书香之路上,洒满了家长、老师相扶相携的汗水,留下了我们的笑声和友谊。我通过博文、信件影响着家长和同行们,我们把阅读

"课外书"放在"课内"进行，共同为孩子们提供了大量的精神食粮，引领他们欢呼雀跃地走进书的沃野，让他们远离苦不堪言的作业，将那些把美好文字肢解得支离破碎的习题抛到九霄云外，从而使灿若群星的世界文化走进课堂，让求知若渴的学子一睹为快，让他们在记忆力最好的时候诵读经典诗句和名家美文，为幸福的书香人生打下坚实的基础。

"课内海量阅读"实验把"鱼和熊掌兼得"的美事落到我们师生身上：没有家庭作业，学生考试成绩优秀；没有一个学困生，孩子有了一个美好甘甜的童年，老师拥有了愉快轻松的心态。体育场上，有我的学生活跃的身影；文艺舞台上，有我的学生出色的表演；各种作文、电脑等大赛中，有我的学生飞扬的风韵……最令我高兴的还是学生们强烈的读书欲望，他们的阅读量之大是我始料不及的。学生们阅读的兴趣越来越浓厚，知识越来越丰富，而且能融会百科、贯通古今，渐渐步入了"读书—获取知识—读书"的良性循环。他们表现出来的自学能力、民主意识、求知欲望，使我体会到强烈的成就感，我为能帮助他们养成良好的读书习惯、奠定书香人生基础而由衷地感到高兴。在安心的、无拘无束的阅读氛围中，我的一个个爱徒自由自在地畅游书海，他们的呼吸是那么柔和，我享受着如水般轻柔、如雨露般滋润的润泽。天真无邪写在每个学生的脸上，童言无忌呈现于课堂内外，阳光、幸福，成了我们师生共同的写照。

二、爱学生是一种能力

有个年轻人，脾气很暴躁，经常为一些鸡毛蒜皮的事发火，对于自己暴躁的脾气，他也感到苦恼。

有一天，他遇到一位禅师，问道："有什么办法能够帮我修身养性，改掉易为小事发脾气的毛病？"

禅师闻言，答道："很简单，首先，你得知道如何才能抓到老鼠。"

年轻人听后，不屑地问禅师："抓老鼠和改掉坏脾气，有什么关联呢？"

禅师问年轻人："如果现在要你去抓一只行踪飘忽的老鼠，你会怎

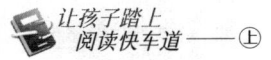

做呢？"

年轻人答道："当然是先掌握老鼠的行踪，然后，在它平日出没的地方，摆上老鼠夹或是有诱饵的笼子……"

禅师说道："这就对了，要改掉暴躁脾气，和抓老鼠一样，必须先找到自己生气的根源。"

看到一个又一个初为人师者由轻声细语变为声嘶力竭，我在寻找问题的根源。读于永正的书，我才知道慈祥如老爷爷的于老师也有拿粉笔头投到学生身上的"恶劣"历史。回顾自己从教近30年的情况，我找到了问题的根源：爱学生是一种能力。很多老师存在"不爱"学生的行为，是因为没有具备让学生可爱的能力。

孩子自然是可爱的。他们面庞可爱，心地纯良；他们嫩声嫩气，满脸稚气；他们愣头愣脑，行为可爱……面对如此可爱的孩子我们为何不爱，反而体罚现象屡禁不止？

老师不是不想爱，而是缺乏爱学生的能力。

我的同事孙老师很受大家尊敬。她的婆婆卧病在床，吃喝拉撒都在床上。老太太白天小觉睡了不少，晚上大家进入梦乡时，就开始喊人，孙老师一直尽心尽力地服侍老人。在学校里，孙老师经常帮助家庭困难的学生，她是天生就拥有高贵心灵的仁爱之人，可是她经常会因为学生不做作业、不会做题而责骂他们。你能说孙老师不具备爱心吗？如果她能找到让每一个学生都爱学习、会学习的办法，她绝对是最慈爱的老师，只不过，爱学生的能力尚需提升。

老师的职业性质要求老师慈爱、有耐心，但一堆孩子在耳边哇哇乱叫，当和颜悦色不管用时，老师只有声嘶力竭地喝一声了。许多老师在如此"磨炼"中很快不再和颜悦色，在叽叽喳喳的"小麻雀"面前，变得"神色像晚娘，语气像泼妇"。作为语文老师，我为一学期啃一本翻烂了却还没把学生教会的课本烦，为学生读不通顺课文烦，为天天批改那些文理不通的作文烦……几乎每天都要饱受急躁气恼等负面情绪的炙烤。于是我也失去了爱学生的能力。

当我在内心的感召和外力的推动下闯出"课内海量阅读"的路子后，我的学生个个变得可爱起来：

当看到仅仅入学一年的孩子就能够面对书本沉思静读、自求博取，沉浸在书香墨韵之中的时候，老师能不爱这些让自己醉心读书、享受工作、享受课堂的学生吗？

当师生眉飞色舞、趣味盎然地朗读那一首首有趣的儿歌、一个个好玩的故事时，稚嫩的童音赋予了文字生命的柔软与灵动，老师也幸福地从中体味到了诗的韵律。听着脆甜的童音合奏出的天籁之音，老师能不爱这些给自己的生活带来快乐的学生吗？

当面对那些"懒孩子"、"慢孩子"，想到"举三反一""举十反一"的"课内海量阅读"早晚能让他们"开窍"时，老师会欣喜地爱不同基础、不同资质的所有学生。

爱学生就是有本事把儿童的叽叽喳喳声变成和谐的乐章。当老师有能力指挥"童声大合唱"时便获得了自己的职业幸福，安身立命的职场就变成了充满乐趣的幸福之地。

三、家长、学生喜欢"课内海量阅读"

说起这件事来，不知道应该感谢韩老师，还是抱怨韩老师。

我的孩子一年级开始参与韩老师的"课内海量阅读"实验，从此就对阅读特别感兴趣，没事就爱拉着家长去书店给她买书，回家写完作业就把自己关进房间看书。对此，我心里十分高兴。因为阅读可以增长她的知识，陶冶情操。看着孩子一天天懂事，作文用词越来越丰富，语言表达也很流畅，我们做家长的心里比吃了蜜糖还甜。有一件小事让我又喜又惊——有段时间，我不知怎么的，身上的肉一个劲长，比以前胖了10多斤！孩子帮我减肥，竟把这件事写成了连续剧，语言流畅、幽默，她爸爸看了，笑得肚子疼，我却有点儿哭笑不得，因为孩子把我写成了喜欢抬杠

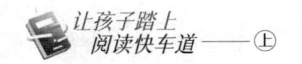

的"杠手",还是个好吃懒做的胖子,让我感觉在老师面前丢尽了脸面。不过孩子的作文进步得这么快,写得这么形象生动,这全都是韩老师的功劳,真不知道该怎么感谢韩老师。

可是,有件事让我有点儿"反感"。一天,女儿兴致勃勃地从书房跑出来对我俩说:"爸爸妈妈,我们学到《中华上下五千年》里的秦国吞并六国了!"对于已经淡忘的历史课,我们被女儿说蒙了,真不知道该怎样与女儿对话,也希望她别往下说,没想到女儿又说:"你们觉得六国应该被吞并吗?"我们无可奈何地说:"应该吧!"没想到女儿的反应极为强烈:"什么?你们怎么这样,没有看过《六国论》?"说着,一脸不悦地回到书房。还有一次,女儿问我唐朝的第一个皇帝是谁,我的确不知道,可又不能在女儿面前丢面子,只好让她去查字典。看到女儿的知识越来越丰富,再想想自己一次又一次被问倒的尴尬,作为家长的我真不知道应该感谢韩老师还是抱怨韩老师。唉!韩老师的学生家长,难当!

——2000级学生管潇的妈妈

看到韩老师《晨读十分钟》的读书笔记,我不禁想起了童年时父母给我看的几本书和杂志,最先看的是《小朋友》,后来看《少年文艺》《儿童文学》。那时,父母在下班后,有点儿神秘地从背后慢慢地拿出什么书,给我一个惊喜。看到解珂旎也是欢呼雀跃地接过我给她买的书,美好的童年情景浮现在眼前。"课内海量阅读"让我感悟亲情,体验幸福,谢谢韩老师!

——2007级学生解珂旎的妈妈

9月28日下午放学后,吴静琨拿回了《三字经》原文,为了测验一下孩子的背诵和记忆能力,从当天晚上开始我俩就比赛背诵,结果她用了大约半小时的时间,背熟了原文的三分之一,到第二天下午轻松地背完了全部。

在这以前,她从没有接触过《三字经》。测验结果超出了我的预料。

——2007级学生吴静琨的妈妈

今天和郭葳蕤散步,她说到一首诗,说班里有个孩子把"孤木不成林"读成了"孤独不成林"。我说意思差不多,郭葳蕤很认真地说:"那不一样。孤,是'单独'的意思。'孤木'是'孤零零的一棵树'。'孤独'是一个人唉声叹气,很寂寞的意思。"我很惊讶,一个二年级的孩子居然能区分出这么细微的不同之处,而这又是孩子在家长和老师一直奉行"不求甚解"理念下的"自我感悟",可见"课内海量阅读"的成效有多大。

——2007级学生郭葳蕤的妈妈

说实话,当时让王馨婕跟韩老师上课,我是有顾虑的。武寅冬(王馨婕的妈妈,北海学校的老师)在家经常说韩老师是名师,在语文教学上有独到的研究,已经取得了很大成就。但武寅冬以前并没有和韩老师在同一所学校教书,对她缺乏全面细致的了解。再加上孩子年龄小,阅读量又这么大,已经大大超出了普通学生的认知水平,孩子能吃得消吗?既然是试验课,那就有成功的可能,也有失败的可能,或者在其他孩子身上成功了,而王馨婕不适应,那又怎么办?可是慢慢地我发现我的担心是多余的,王馨婕每天都快快乐乐的,也没有在家写作业,而且经常"出口成章",甚至"语惊四座"。最重要的是孩子喜欢看书了,即便是没有拼音的少儿读物也能阅读。我认为这太重要了,甚至比她多认识1000个字,多算100道题还重要,这可能是韩老师"课内海量阅读"的最终目的吧。

——2007级学生王馨婕的爸爸

若雅在国庆期间读完了《彼得·潘》和七本绘本,读到精彩处会大声说:"妈妈,看这一段!"然后绘声绘色地读给我听,有时读得手舞足蹈,眉飞色舞。作为家长,我们为孩子能开始体会和欣赏文字的美而欣慰。这是"课内海量阅读"的效果。

——2007级学生赵若雅的妈妈

我喜欢语文课,因为每次写作文前都要到校园里活动一番,只要认真观察,就能够"轻松作文"了。有一次,我们班举行跳绳比赛,我仔仔细细地观察同学们跳绳。写作文的时候,妙词佳句就涌上了笔端,黑色的字

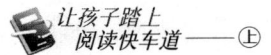

一个个地往作文本上跳，真正做到了"下笔如有神"。

我喜欢语文课，因为上语文课可以大量阅读，从中积累许多好词好句，在书中尽情吮吸知识的甘露，沐浴文化的阳光。有一回，韩老师让我们"比比谁的词汇多"，同学们充分地展示了各自积累的词语，真是妙语连珠、佳句迭出，词语如泉水般涌出，用之不竭。

——2000级学生李俊婷写于三年级

我们班的"课内海量阅读"实验使我入学不久就与书结为挚友。如今，我在书的陪伴下已迈上了四个台阶，每个台阶上都洒满灿烂的阳光，每个台阶上都萦绕着清新的歌唱，每个台阶上都有我和书相依相伴的身影……每读一本好书，就像交了一位良师益友，她在寒冷的时候温暖我，在我伤心的时候抚慰我，在我孤独的时候陪伴我，使我感到欢乐与温馨。

——2000级学生刘若凡写于四年级

我庆幸能跟着韩老师海量阅读，海量阅读的课堂让我有质疑的机会，有自由发表"高见"的空间，有探索的勇气与能力。我喜欢涌动着激情与活力的语文课。

为了让我们在快乐中学习，韩老师呕心沥血，将她美好的年华和无悔的岁月埋在浩浩书卷中，浸在学生的琅琅书声中。

——2000级学生郭爽写于初中

我越来越想念韩老师带我们走过的那段美好的阅读时光，现在我在大学学商务英语，有一门课是国际贸易，里面有很多经济学理论艰涩难懂，但用老子的思想加以解释就会变得浅显……是那段读书读得近乎"疯狂"的日子让我真正成长起来。

——2000级学生曾祥君写于大学

"学而时习之……"两年前我们班师生诵读《读论语 学成语》的声音时常在耳边回响，我恍如置身于孔门弟子中，正在聆听孔老夫子的教诲。书中的故事内涵丰富，寓意深远，彰显中华文化的博大精深。"课内海量阅读"为我的一生打下了坚实的基础！

——2007级学生李欣曈写于初中

儒家经典，博大精深；中华成语，天下一绝。在韩老师的带领下我小学时的语文课将两者巧妙结合，让我在中华文化知识的海洋遨游。

——2007级学生闫冠伊写于初中

韩老师带领我们一起读过的《读论语 学成语》开阔了我的视野，丰富了我的知识。它是我生命中的启明灯，指明了我前行的方向，愿经典的光辉照耀世界的每一个角落。

——2007级学生张倩雯写于初中

汲历史之精华，汇成语之典范。韩老师带我们在小学读过的书，让我在学习成语的过程中了解了历史，增加了词汇量，扩大了知识面，对我后来学习历史大有裨益！

——2007级学生台浩文写于初中

"课内海量阅读"
人人皆可为之

"课内海量阅读"是指全班师生共同在"课堂内"阅读一本"课本外"读物,读完一本再换一本,像学习课本一样大量阅读课外书。实施"课内海量阅读"没有固定的教材,任何一本健康有益的图书都可以拿来使用,任何一个认识汉字、会读书的老师都能做。进行"课内海量阅读",不一定非要扎实的教学基本功、高超的教学艺术,像我这样口才平平的普通老师,都能通过进行"课内海量阅读",把安身立命的职场变成充满乐趣的幸福之地,为学生的书香人生奠定良好的基础。

"课内海量阅读"从"不求甚解"的诵读开始,对课本和课外读物的阅读教学没有太大差别,不同的是课外书学完之后就收起来,课本还要装在书包里,经常写一写要求默写的生字词。小学课本就是一本识字教材,对文章的"深度理解"要等学生在大量阅读中慢慢"反刍",不必急于"一步到位"。我很少讲解词语的意思,也不去深入分析文章的微言大义,而是让学生在海量阅读中自我领悟。

一、缺点成就海量阅读

我很幸运,此生能蹚出"课内海量阅读"之路。本来我没有任何本领,是一棵无人注意的小草。当我的教学为许多同行所赞赏的时候,我清楚地知道自己的那点儿"本事",除了喜欢阅读,没有一点儿强项,但恰恰是我的"弱项"成就我走上"课内海量阅读"之路。

◎ **行动大于理念，实干就是能力** ◎

对于写作，我没有一丁点儿的自信。小时候上学时，我的作文就被老师当作反面教材念过好几次。尽管我很努力地学习书本，但由于阅读面不够，作文比较糟糕。在青年路小学任教时，放假前滕欣云校长总是借一大摞教育杂志给我读，平日，我也经常和学生一起诵读优秀作文；后来，我的阅读"取法乎上"，读古代经典，读教育大家的著作。但我的文章仍是大白话连篇，既无思想的高度，也无文字的美感。一次读佛教的入门作品，我才突然明白过来，我是那种缺乏文字"般若"的人，难怪古人感慨"少时学语苦难圆，只道功夫半未全；到老方知非力取，三分人事七分天"。一个人的语言成就，人事的努力占三分，天分的作用占七分。一向有自知之明的我从不寄希望于通过文字的优美灵动吸引别人，作为一线教师，我的最大优势是"理论来自实践"。我不是没有想法，但是在没有切实可行的操作方法之前，我那些想法只是在脑海中回旋而已，很少诉诸文字。于是我写的文章，小发议论之后一定有一个切实可行的操作方法，这让我的平实的文字就有了可读性。

◎ **急躁性情疏通有道** ◎

不知是遗传因素，还是后天影响，我的性子很急。同事中急性子的人也不少，但像我这样把喜怒哀乐完全挂在脸上的人并不多。这可能与我童年的生活环境有关。哥哥比我大18岁，家里只有我一个小孩子，当我不顺心发脾气的时候，奶奶和体弱多病的父亲会毫无原则地满足我的要求。我虽然是那种出了家门就胆小怕事的一点儿出息也没有的"炕头王"，但内心深处却流淌着一股率性而为的血液，对从事教师职业的人来说，这明显是个致命的缺点。小学生调皮捣蛋是天性，整天面对一群小捣蛋，我经常焦头烂额、气急败坏、声嘶力竭，甚至歇斯底里。易怒、胆小又不失善良的人当老师，在一所学校之中往往是差劲的，雷霆之怒后是无计可施，自己气得喘粗气，学生却并不惧怕。我内心深处不甘心如此失败，寻寻觅觅十

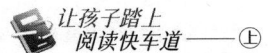

多年，终于找到了从恶劣情绪中解脱的良药——课内海量阅读。当学生爱上阅读时，当他们沉浸于书香之中时，老师也进入了宁静平和的港湾。

由于我不会控制情绪，余怒未消的恶劣情绪时常波及同事、家人。当"课内海量阅读"的教学实验促使我个人必须"海量阅读"的时候，我的情绪逐渐稳定，我成了最"可爱"的家庭成员：不看电视，不抢遥控器，多么受家人欢迎；不逛商店，一个月只买两三本书看，多么省钱；一门心思都放到了读书、教学上，对人际关系的纷扰视而不见，多么宽容大度……

由于不善控制情绪，别人能忍受的"酷刑"我难以忍受。每当"享受"完出口千言离题万里的"教育"，我都在心里咬牙切齿地发誓：在我的一亩三分地里，我决不让孩子们忍受乏味语言的折磨。只有拥有了鲜活的事例、畅达的语言、真挚的情感后，我才开口，否则，我宁可只说一句话："这节课背过课文的同学就看课外书。"我被人请去做报告的时候，总是诚惶诚恐，因为我知道，在老师这个群体之中，有的人会在和学生日复一日的"较量"之中变得急躁起来，有的人会在年复一年的教学中变得麻木不仁，以至于锐气、创造的活力被消磨殆尽。我怎么敢言之无物、东拉西扯地浪费老师们的生命？我没有能力堵住那些"废话篓子、假话疯子"的嘴，但我决不做这种贻害他人的事情。于是我的报告力求真实，简洁，有趣，这让天生腼腆的我竟然有了自己的风格。

◎ **不解人情、不知变通化为心无旁骛** ◎

教我女儿弹琵琶的梁老师毫无根据地认定她文化课一定学得很好，因为女儿弹曲子的时候注意力很集中，而注意力集中的孩子往往学习比较好。女儿注意力集中深得我的遗传。当年，潍城区负责教学的赵局长住在青年路教师宿舍，每天上班我俩都是相对而行，在窄窄的青年支路上，赵局长经常喊我一声："小韩，早上好！"我还没来得及打招呼，我俩的自行车已交错驶过。赵局长博学，正直，认真，我十分敬重他。我不是不想主动跟他打招呼，而是我的这个笨脑子、近视眼的家伙总是无法顾及稍大一些的范围。对我这种头脑迟钝、不解人情世故的人来说，教师这个职业是最好的工作，只要教好自己的学生就行了，闷头傻干也能见成效。付出就有收获，这是上天对教师的格外垂恩。不解人情、不看脸色、呆头呆脑对教师这个职业来说反而成了优点，因为做事情可以心无旁骛。

我虽说愚鲁，但还没有傻到对领导的爱憎一无所知的地步，但偏执的我总是放不下"学生第一"的情结，这应该是教师职业的本能。刚参加工作时，领导关注老师们的论文、公开课是否得奖，各种活动是否有特色，我固执地把精力放在教学上，在70多名教职工中成为"差生"也不知变通。后来逃离了那所名校，再后来成为一所小学校的骨干老师、中层干部之后，我仍然坚持学校的事务性工作再重要也不能影响我的教学，当需要为了个人的荣誉、利益而牵扯精力时，我还是把学生放在第一位，一节课也不耽误。近10年来，全国各地的同行频繁地去听我的课，我从没有为了保证效果，为了让自己喘口气而上过一节内容重复的课，或为了公开课的效果而反复"训练"，我固执地认为学生的成长远比我的面子重要。天道酬勤，我的学生以他们的博学多才、能言善辩为我这个"笨老师"的课堂增添了亮丽的色彩。

2003年春天，潍坊市语文教研员薛炳群老师下基层听课。我也曾想过按当下时兴的教法备课，可我的学生在一、二年级已习惯了一节课学几篇课文的方法，如果要改，为了保证效果，必须事先"排练"。但学生的时间我一分钟也舍不得浪费，于是忐忑不安地在市区两级领导面前上起了我那"原生态"的课。没想到误打误撞撞对了，薛炳群老师高兴地说："李局长在高中的大量阅读实验已取得了明显效果，他一直想在小学找个典型，没想到今天我终于找到了！"他的神态、语气都洋溢着"踏破铁鞋无觅处，得来全不费工夫"的喜悦。现在想来，如果那时我去揣摩、迎合领导的喜好，就会与机遇失之交臂了。

◎ **胆小腼腆成就课堂特色** ◎

小学毕业时，我以一分之差没有考进潍坊一中，成为潍坊十中分数最高的学生。老师指定我当班长，没过几天便发现我不是那块料，于是把我

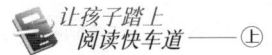

"降职"为卫生委员。到现在我还记得，自习课上，我不知思量多少次，还是没有勇气站起来说查视力、打扫卫生等事情。初为人师的我在家长会上没说几句话就羞红了脸。在众人面前说话，我很是紧张。公开课上，我从不敢在上课伊始说大段的开场白，于是"简洁、明快、直奔主题"就成了我的课堂特色。

◎ 夹缝中追求乐趣 ◎

很多人认为我是个性化的老师，其实"个性"是存在于"共性"之中的。现在我只教着一个班的课，到点上班，到点下班，没有杂务干扰，教学、读书成了我生活的主旋律，学校领导给予了我需要的东西——自由支配的时间。但是，工作近30年来，我一直和大家一样，在夹缝中求生存，不是说领导故意为难我，像我这种冒冒失失的人，一旦看到有人故意为难我，早就跑了，不会坐以待毙的。但是人在职场，不能完全由着自己的性子来，不得不参加各种名目繁多的培训、会议、检查、杂务等。所谓的个性，在自家的园子里——课堂上的体现也是有限度的，考试的束缚、家长的要求、领导的希望、同事的看法等都不能不顾及。我的教学、为人还是很传统的，还是个"良民"，并不是那种叫你向西，我偏向东；叫你坐下，我偏立起的"刁民"。所以我才说我一直在夹缝中求生存，很辛苦、很无奈，但总算能体会到生存与成长的快乐；戴着镣铐跳舞，很沉重、很痛苦，但依然能感受到舞蹈带来的自由与幸福。如果我们被夹缝和镣铐困住，生存的空间会越来越小，行走的脚步会越来越慢，这个世界便没有我们的立足之地了。与其惶恐不安地憎恨约束，不如抓紧时间在相对自由的园地里劳作。

二、"课内海量阅读"是一般老师的行为

当年潍坊教育局的小学语文教研员薛炳群老师第一次听了我的课后，高兴地说，终于可以给李希贵局长找到一个他想要的典型了：老师是一般老师，没有什么特殊才华；学生是一般生源，家长的学历也普遍偏低；学

校是一所一般小学，没任何优势。这样"一般条件"下出来的学生却非常优秀。

◎ "课内海量阅读"容易复制 ◎

一天下午，潍坊市教研室李秀伟主任打电话说来听我的课。因为我俩都曾被陶继新老师报道过，所以彼此觉得格外亲切，他的好学、博学、平和也一直让我敬佩。近几年听课的人太多，无论什么人来听课，我的日子该怎么过就怎么过，已过不惑之年，职业生涯已过了大半，如此"高龄"之人已没有必要迎合任何人。但对这位年轻的"齐鲁名师"，教育界的得力干将，我颇有好感，所以很希望把课上好，给他留下良好的第一印象。我本可以通过"校讯通"给家长发短信，让他们督促孩子把第二天学的课文预习几遍。思量一会儿后我决定不发，既然是听"家常课"，就要把我"课前不预习"的效果展现出来。

按下开关让学生听课文录音，这就是上课了，连喊"起立"也省了。虽然我不止一遍读过《孩子们，你们好》，作者阿莫纳什维利在开学第一天，对孩子们说的第一句话是："孩子们，你们好！"他无数次练习，力求和蔼可亲，但我还是能省就省，把省下的每一分每一秒都播种到精耕细作和日益改良的教育田野里去。

听完课，秀伟主任说："你的课并不像大家想象的那样难以复制。其实，只要认同你的理念，任何一个老师都可以实践'课内海量阅读'。在这种速度极快的课堂上，没想到老师竟然是如此悠闲自在。"这是我第一次听到有人这么评价，而且是我最爱听的话。我一直坚信，"课内海量阅读"不应该是"个性化"的行为，而是"一般老师、一般生源、一般学校"的普遍行为。

◎ "海读"路上相扶相携 ◎

山东淄博的徐美华老师已在当地产生了不小的影响，带起了一个"课内海量阅读"的团队，我俩合作出版的《读论语　学成语》已经上市畅销。我俩的备课成了对方直接"拿来"的素材。下面是她叙述的我们

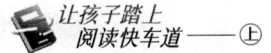

相知的过程：

我和韩老师是老朋友了。在我心中，韩老师是我的良师，指引我前进；在韩老师眼中，我也是她的朋友。行走在"课内海量阅读"的路上，我们亦师亦友，结下了一段善缘。

—— 相识，踌躇不前 ——

我和韩老师的相识，正如那句俗话所说："有缘千里来相会，无缘对面不相逢。"认识韩老师，非常偶然。2008年的"新经典诵读"研讨会上，韩老师在报告中说她两个星期能把课本教完，而且学生的考试成绩非常好。这让我吃惊，也深感怀疑，这简直太神了！从那时起我开始关注韩老师，阅读网上所有能找到的韩老师的文章后，搜索韩老师的博客，并经常光顾。拜读了韩老师的文章后，我的疑虑打消了，"佩服"涌上了心头。记得韩老师在报告会上向大家推荐了《中华上下五千年》这套书，这套书与其他版本的不同之处在于在现代文前面是一段短小的文言文，文言文的内容简单易懂，故事又很有趣，我觉得这套书应该适合四年级的学生阅读。而我自己也非常喜欢这套书，可是穷尽一切办法也未能买到，为此我还特意打电话到出版社，询问书的情况，也未能打探到书的任何信息。书没买到固然遗憾，可是也有意外的收获，那就是无意中得到了韩老师的电话号码。虽然如获至宝，但我未立即打电话给韩老师，那时的我有太多的担心、顾虑。我，一个无名小卒，韩老师大名鼎鼎，她会理我吗？她有时间理我吗？我的贸然打扰，会不会给韩老师带来不便？……我踌躇、彷徨，想与韩老师联系却又不敢。有几次都按下了韩老师的电话号码，可还未拨通就又急急忙忙挂掉了。整整三个月，我每天都在这样的矛盾中纠结，明明心里很渴望，却又不敢……

—— 相知，心潮澎湃 ——

2009年大年初一，我怀揣着惴惴不安的心，打着拜年的幌子，冒昧地给韩老师打去电话。电话那头的韩老师并没有我想象中的那样高不可攀，相反，她说话很亲切很朴实，毫无名师的架子，如同邻家大姐姐一般,最后叮嘱我说:"隔的距离远,不能当面交流,有什么问题,你和我通过邮箱联系吧!"我不忍心给韩老师添太多麻烦,说了几句拜年的话之后,就草草地把电话挂断了。即便这样,我内心依然汹涌澎湃。心里记着韩老师的叮嘱,随后,我迫不及待地给韩老师发去邮件,向韩老师请教教学中遇到的这样那样的问题,大到小学阶段开展"课内海量阅读"的步骤和方法,小到一篇课文的细微之处的处理……从教十几年来所有困惑和烦恼都一股脑儿倾倒给了韩老师,韩老师将我提出的问题分门别类,事无巨细地给予了回答。网络为我们架起了一座便捷的桥梁,通过"提问—解答"这样的方式来来往往,反反复复。我的请教邮件经常是半天发一封,有时是几分钟就发一次,但每一封邮件发过去,韩老师都在第一时间给了我回复。每次看到韩老师的回信,我都喜形于色,内心的感激真的无以言表。

—— 相随,坚定不移 ——

2009年4月,我去潍坊北海学校亲身感受了韩老师的课堂。二年级的小学生,读起课文来字正腔圆,那水平真有播音员的风范。这样的学生,班里有一两个兴许不稀奇,可是一个班50多个学生,个个都能达到这样的水平那就是奇迹。能把一群二年级的小学生训练到这种程度,老师的功底定不一般。我对韩老师越发佩服得五体投地。这一次面对面交流,我满载而归,不仅带回了韩老师的教学资料,而且带回了"课内海量阅读"的操作方法、评价方式。带着疑问而去,满载收获而归。在这之后,每年我都去听韩老师的课,天天观看韩老师在网络上的教学录像。在韩老师的倾心指导下,我所教班级的"课内海量阅读"实验如火如荼地开展起来。

随着交往的日益密切,我深深地了解到,韩老师就是个一门心思都扑在学生身上的人。从教多年,她长久伏案,整理了一本又一本适合学生阅读的书稿:从朗朗上口的《成语儿歌100首》,到高端大气上档次的《读历史 学成语》;从《学拼音儿歌77首》到《读论语 学成语》无一不倾

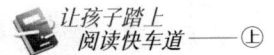

注了韩老师的心血和汗水。学唐诗,韩老师的案头摆着数本不同版本的唐诗解读;学宋词,她又买来一摞从不同角度诠释宋词的书……不为名,不为利,只为学生,一个多么纯粹的老师!我向往她的心无旁骛,敬佩她的无私相助。不论是谁,凡是向韩老师索取教学资料的,没有空手而归的……多么高尚的情怀!这就是一个真正的大写的"人"!

我坚定不移地追随韩老师的脚步,行走在"课内海量阅读"的路上,让我的学生也享受到阅读的喜悦。我不愿意急功近利,只图眼前有个好成绩,而抹杀学生后续学习的兴趣,折损学生后续学习的潜力。事实证明,"课内海量阅读"的确有效果,学生的阅读兴趣变浓厚,写作能力提升。即便是入学才一年的孩子,也实现了人均识字2000字以上,实现了无障碍阅读。我和我的学生坚定地行走在"课内海量阅读"的路上,欣赏沿途的美丽风景,陶冶美好的情操,抒发内心的真性情,一切的美妙尽在不言中。诚然,我的学生和韩老师的弟子不能相提并论,但是我努力了,我付出了,我也无怨无悔。

追随韩老师的日子悄然流逝,我的教学心态发生了很大的变化,由追求学生的高成绩转为追求学生的真收获、真成长,把着眼点真正放在了学生的身上,一切为了学生,为了一切学生。学生的精彩也成就了我,区教育局两次召开以我的名字命名的教学研讨会,我也连续两次在淄博市"红帆船"阅读教学研讨会上执教观摩课,并作"课内海量阅读"的汇报交流,各类教学奖励接踵而至,而这一切,归功于韩老师,归功于"课内海量阅读"。追随韩老师的日子,忙碌着,学习着,幸福着,收获着,成长着,谢谢我的恩师!

◎ **做一个"韩兴娥式"的老师** ◎

在江苏省金坛区,通过陈耀方校长的介绍,我收获了许多当地的朋友。有一天,我收到金坛区河头小学张立俊校长的一篇文章:

向名师学习,不失为普通老师提高专业水平的良好方法。名师有很多种,有的精于著述,有的擅长研究课题,有的拥有炉火纯青的课堂教学技艺，有的善于讲学……可谓各擅所长，但共同点是无一不具有过人之处。我在由衷敬佩的同时，却也常常仰之弥高，令平凡如我辈者望而生畏。曾有名师以自己的高标准对语文教师的素养作此定位：朗读要像播音员，说话要像演讲家，写字要像书法家，与学生交流要像心理学家，写"下水文"要像文学家……天哪！那我们还怎么活！

韩兴娥的出现，在很大程度上颠覆了我们对"名师"的习惯性认知。接触过韩老师的人都会发现，这是一个看上去普通得不能再普通的老师：相貌普通，出身平凡，学历一般；不善言辞，没有如珠妙语，近乎木讷；有点儿固执，甚至有时候还不太听领导的话；所谓的"教学基本功"也很平常；成名前完全是一所普通学校的一名普通老师，各种评优评先评骨干似乎也从来不积极参与。然而就是这样一位名不见经传的"草根"教师，在几乎没有任何专家引领或包装的前提下，生生开辟出了一条无比宽广的语文教改之路，以她的"课内海量阅读"掀起了一场语文教学改革的风暴，迅速影响全国。她的出现，对于当下的中国教育界有着不一般的意义，也为许许多多正陷于专业发展困境之中的普通教师提供了一个不一样的成长范式，打开了另一扇明亮的窗口。"韩式成功"让我们如梦初醒：原来"草根"也可以有大作为！

韩兴娥为什么会成功？难道仅仅是因为她碰巧选对了某种方法？当然不是这么简单。我们还是应该从韩兴娥这个人本身找原因：我们可以从她身上学到些什么？我想至少可以找到——

首先，韩兴娥有着非凡的勇气。现在回头看似乎稀松平常，但在刚刚开始实验时，作为一名普通的小学教师，在"一纲一本"一统天下的大背景下，在绝大多数的语文教师还认为"教材就等于语文课程"的前提下，敢于向沉淀了数十年的教材挑战，无异于向已形成业界权威的、传统的语文教学模式公开宣战，这需要冒很大的风险，是需要相当大的勇气的！为此，韩老师曾引用《道德经》上的这样一段话表明心迹："吾所以有大患者，为吾有身，及吾无身，吾有何患？"正是这种"舍身"的勇气，支撑

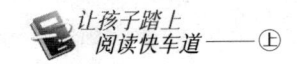

着韩兴娥义无反顾地开始了自己的教改实验。

其次，韩兴娥是真正热爱学生、想学生所想的老师。用她自己的话说，刚开始实验的想法很简单：为了考试，死抠一本教材，日复一日地背、抄、默，加上大量的习题与试卷，搞得学生身心疲惫，痛苦不堪，老师也疲倦厌烦，使得语文学习几乎没有趣味和幸福可言。正因为有了这样感同身受的痛苦，所以韩兴娥下定决心走上了一条"背叛"的道路，不管征途漫漫，风雨坎坷！"一切为了学生"，在韩兴娥的身上得到了最真切的体现。

再次，韩兴娥有着令人敬佩的专注与执着。韩兴娥所走的路，是一条没有人走过的路，注定要披荆斩棘，逢山开路，遇水架桥。韩兴娥的学历并不高，她尽管喜欢读书，但涉猎并不广；她在实验前也并未研究过多少关于阅读的理论，许多带着学生读的书自己也没有读过，一些古代经典自己也不大懂。阅读她写的书我们可以知道：在实验的过程中，为了更好地带领孩子们读书，韩兴娥自己狠下苦功，阅读了大量的文学与历史作品，包括大量的古代经典，以及相关的语言文字理论、阅读理论和教育类书籍。最终厚积薄发，在"课内海量阅读"教学的道路上越走越宽，越来越游刃有余。为了获得家长的积极配合，她坚持每周给家长写一封信，并通过邮箱与家长保持密切的联系，随时指导、帮助家长进入到孩子的阅读中来。为了保证学生阅读后的及时巩固，她每天都要制作大量的PPT，用于课上帮助学生背诵交流。为了让孩子们读到真正的好书，她利用休息时间四处奔波寻找，"上穷碧落下黄泉"，有时只为了寻找一本书的最佳版本……用心之真切，意念之执着，令人动容。

当然，从她身上我们还可以"读"到许多，比如她很"真"，公开课从来不试教，也绝不肯借班上课；她有点儿天真，在班级人数超过60的前提下，还试图建设自己梦想中的"巴学园"；真的她还很随性，新华社记者来采访，依然可以一口气午睡到两点……一个体制内少见的，活得那么率真，那么自我，那么潇洒自如的老师，叫人羡慕和嫉妒！

我们都懂得成功很难复制，但韩兴娥是可学的，她离我们很近！不是吗？也许，我们只是少了一点儿像她一样对学生的热爱，少了一点儿像她一样打破束缚的勇气，少了一点儿像她一样的专注和执着。

或许，我们不妨学着做一个"韩兴娥式"的老师？

因为我们很清醒地知道，其实我们都成不了于永正，也成不了魏书生。

语文教学至简为上
人生法则从简如流

一、"家常课"随意听

周三下午,新华社记者要到我的班听第一节课。上午第二节课接到通知时我正为一件私事烦恼着,接下来第三、四节也是我的课,没有一点儿时间准备。我惯用的听录音、朗读、简单理解的形式似乎过于简单了,于是打算准备一个简单课件。午饭后备课,困意袭来,睡了一觉后已近两点,素英校长告诉我潘院长已经来了。我急匆匆地把于新宇老师暑假时准备的"一字组多词"设成大号字,提着笔记本电脑就进了教室。但我觉得我的备课还是太简单,又将家长们写的小故事的"学以致用"部分设成大号字,加进课件里。

市区两级教研室的领导带着两位记者走进教室。教学了两篇课文之后,我请孩子们认读屏幕上的词,面对这些第一次"见面"的生词,有着已认读 2100 个生字基础的孩子们竟然不费吹灰之力拿下,个个顶呱呱。最后学习小故事的"学以致用"。课后记者问我精读的课文怎么教,我说这就是精读。对于二年级的文章,学生理解起来没有困难,而理解不了的课文则是还没到需要理解的时候。比如第六单元的关于朱德、大禹、孔繁森等的文章,要理解得深刻肯定是很费劲的。这类文章的"深度理解"要等以后学生在大量阅读中慢慢"反刍",现在不必一步到位。这样的"歪理邪说"源于女儿小时候读成语故事的教训。成语故事一般来自寓言故事或历史故事，小孩子理解童话、寓言故事很容易，但理解那些历史故事难度很大。这也难怪，几岁的小孩子头脑中怎么会有"几千年前、几百年前"这样的时空概念？然而当时的我想不明白，为什么给她讲了那么多遍，她还是搞不懂？现在想来不是孩子笨，而是大人糊涂！好在我现在明白了这个道理，不再强求我的学生"深刻理解"，陶渊明的"好读书，不求甚解"真是千古不变的真理。

周六我送女儿去参加军训，进校门时遇到初中部的校长李宏伟，宏伟邀我到她办公室。谈起周三下午那节课，她说："你的课实在太简单了，但学生的表现很出色！孩子们个个读得绘声绘色，童真童趣，童言稚语，太可爱了。"

"你认为这节课简单吗？这是开学后我第一次提着电脑进教室，平日的课比这还简单。"我自曝内情。

"这么简单的课，你的语气、语言都平平淡淡，似乎无法吸引学生，更别说表情、动作了，但为什么学生都在按你的要求学习呢？记得在一年级时听你的课，有小朋友捣蛋的，你立马严厉地制止，这让我们见识了一个喜怒哀乐都显现在脸上的教师形象，与印象中的'名师'形象严重不符。"李宏伟实话实说。

我也实话实说："开学前在高峰校长那里见到一个莫名其妙的人，大家称他刘老师，我对他一点儿印象也没有，但他说曾听过三次我的课，还给我买了几本书，一直没有机会送给我。等他离开之后，有人告诉我，刘老师是《大众日报》的记者，常驻潍坊。我突然想起来了，两年前，我任教六年级时，校长告诉我，《大众日报》的刘主任打算向李局长请示，在我的班里跟着听一个月的课。当时我想，以我那些六年级大弟子的学习状态，一个月内保持优雅风度，不批评、不急躁，和颜悦色，轻声细语，像我这样的毛躁之人还是有能力做到的。只是我不能老向刘主任提供'讨论'课，因为大部分的语文课上，我的学生都是在阅读，阅读的时间远远

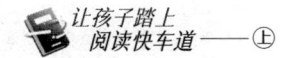

多于讨论的时间。只要刘主任耐得住寂寞，我欢迎任何人听课，几个月都行，但是课堂上不要与我交流，课堂上的一分一秒都属于学生。不知什么原因，刘主任后来没有来跟踪听课。学生在一年级时太能闹，我不欢迎任何一个没教过一年级的人来跟踪听课（正在教一年级的老师最能理解老师的急躁和辛苦）。但二年级之后，我就不在意有人跟踪听课了，因为二年级的课堂"安静"多了。我是一个缺乏管理才能的人，任何的竞聘我都不参加，因为我没有那方面的才能，给我一个班的学生我就别无奢求了。"

"有绝招吗？"年轻的李宏伟打定主意要从我这抔"老土"这里挖点儿宝藏。

"学新东西谁不喜欢？第一遍听录音时教室里一片静寂，第二遍、第三遍时要求孩子们模仿着小声念，我悠闲得很，有精力去注意他们，那些不张嘴、不看书的小家伙儿一偷懒就会被我发现。孩子的精力是一点儿一点儿集中起来的，一年级时那几个钻到桌子底下的小家伙儿也能跟着读书了，这天翻地覆的变化是"课内海量阅读"的功效，我当老师追求的就是简单，追求的就是自在，虽然我一直忙个不停。"

"你是不是喜欢听课的老师带着60份阅读材料来现场发给学生，然后你给他们展示完全真实的、不经任何准备的'家常课'？!"

"知我者，宏伟也！"

二、化繁为简诵读古诗

夜　雪

已讶衾枕冷，复见窗户明。

夜深知雪重，时闻折竹声。

这是语文出版社出版的《语文》（二年级上册）上的一首诗，因为不是全市统一订的课本，所以也没有教学参考书。凭我这点儿单薄的古文基础，这首诗的意思我也能一看就懂，我相信孩子也有这个能力。

齐读、"开火车"读、自己读、背诵，确定每一个学生都能读准音之后，我提了一个问题："白居易有没有亲眼看到下雪了？要把依据说明白。"就这一个问题，就把感觉——"衾枕冷"、视觉——"窗户明"、听觉——"折竹声"都包含在内了，整首诗的意思一目了然。

我崇尚简单的教学，细读文本是教师应该做的事情，但教学应该化繁为简。教师的文本细读无论多么深刻都是允许的，因为只有"居高"才能"临下"。但教师的深刻不等于学生的深刻，也不需要学生拥有教师的深刻。教师应该准确把握儿童的心理和思想实际，以适合孩子的方式传递适合孩子的思想。在孩子精神成长的历程中，我们千万不要做拔苗助长的蠢事。再来看一首诗：

送元二使安西

渭城朝雨浥轻尘，客舍青青柳色新。

劝君更尽一杯酒，西出阳关无故人。

当你坐在办公室里备课或批改作业时，当你晚饭后在家里优哉游哉坐拥书城时，当你和一家老小在节日里享受天伦之乐时，当你和朋友把酒临风谈天说地时……面对《送元二使安西》你会激情澎湃吗？不一定吧？那为什么老师在讲课前就非要想方设法酝酿情绪，"深刻体会"朋友之间的依依惜别之情呢？而且不但自己体会，还要"强迫"全班几十个小孩子一起体会，这是不是太不切实际了？纯属为赋新词强说愁。生拉硬拽地体会感情累不累？我认为这样一首浅显的古诗会背就行了，当孩子们在未来的生活中遇到与古诗相近的场景，产生与之契合的心境时，曾经背诵过的诗句自然会涌上心头。现在就让还在宝贵的童年时光的孩子们多背诵一些实用的诗篇吧！

我教这首诗的过程简单至极。先"开火车"读，为的是让每一个学生读得字正腔圆。然后让学生回答：王维干了一件什么事？送别元二时的环境如何？他跟元二说了什么话？对于这样的问题，学困生也能答对。好了，孩子们懂了，不必逐字逐句讲了。最后一个问题是"浥"是什么意思，只听"唰"的一声，我的学生们以迅雷不及掩耳之势翻开了因使用频率极高而破旧的字典。这个字的意思明晰之后，这一首诗的教学就结束了。连背诵加理解，不足 10 分钟，既没有"精讲"，也没有"粗讲"。

三、课堂直播与拒绝公开课都是因为简单

2010 年春季一开学，教科院对我的课全程录像，一星期录八节课，包括写字和作文。我和孩子们的一举一动都在摄像机和网络的监督之下，大家都能从网络上观看我们的课堂直播，课后还可以"点播"。这一录就是

"中国和联合国儿童基金会远程教育项目
'会读会写'"项目组合作备课培训班听课现场

三个学期，三、四年级的课堂实况都被留在网络上。这期间，有两次大型的研讨会。一次是 2010 年 4 月中旬，"中国和联合国儿童基金会远程教育项目'会读会写'"项目组合作备课培训班的老师来听我的课，张鹏校长告诉我有志同道合的老朋友要听我的课，我一口气给他们准备了三节不同类型的课，但为了给王荣生教授留出讲座的时间，我只讲了两节。第二次是 2011 年 4 月，山西的《小学生拼音报》报社为我举办的"韩兴娥课堂教学艺术"研讨会。我当时上的课是和学生共读一本难度很大的书——《穿越唐诗宋词》，这本书虽然不适合小学生读，但最能体现"课内海量阅读"的理念——白话文和文言文同步推进。

韩兴娥与王荣生教授、郑飞艺博士

这两次大型会议之前，同类型的课在网络上天天直播，敢于天天直播，是因为我的课

形式简单，备课不像细读文本那样烦琐。即便是公开课，我教的也都是全新的文章。

韩兴娥课堂教学艺术研讨会

2007级学生毕业后，我封刀挂剑，不再上公开课。拒绝公开课，是为了将简单进行到底，为了在只有我们师生的教室里多读书少说话。我听到孩子们读书的声音，无论流畅的，还是结巴的，都感觉很美妙，很享受孩子们由不会到会的过程，但形式过于简单会让听课的老师感到乏味，因为听课的老师想看到老师和学生之间的精彩互动。为了将简单进行到底，为了让师生更加淡定从容，我决定拒绝公开课，因为我认为真正让师生享受的课堂是公开课无法呈现的，比如，我的阅读星级评价使学生个个感受到成功的快乐。

四、"阅读星级评价"让每个孩子收获成功

从一年级入学第一天开始，我便开始了"课内海量阅读"教学。"课内海量阅读"的最大特点是"下要保底，上不封顶"，力求使学生"能飞的飞起来，能跑的跑起来，没有飞、跑能力的也要一步一步向前走"。我班上50多个学生无论天资如何，无论上学前有无识字基础，都能参与到"课内海量阅读"实验中，只不过达到的标准不一样，哪怕阅读能力最弱

的也能达到一星级标准，这是保底的要求。对低年级学生来说，读熟文章就达到了一星级标准；对高年级学生来说，理解文章大意就达到了一星级标准。要达到什么标准，学生量力而行即可，只要达到最低的目标就行。这样，不同天资、不同基础的孩子就都能在"海读"中不断提高阅读水平。

　　孩子们达到一星级标准，会得到我奖励给他们的一颗星，以此类推，直至五颗星。在得到"星"的同时还会得到各种奖励：如给家长一封贺信，得到一张彩色奖状，可以用小奖状换奖品……如果是学生自己的书，就把小星星印章盖在学生书上；如果是学校循环使用的图书，老师就设计一个表格，把小星星印章盖在表格中。

韩兴娥老师检查学生读书

　　对星级评价的成绩，老师不公开，不给家长和学生压力。"巴学园"是所有学生的乐园，"小豆豆"们需要一个安全、愉快、和谐的学习环境，需要一个充满赞扬和肯定的环境。"阅读星级评价"使每个孩子都能获得成功，让语文课成为所有学生喜欢的"巴学园"。

附：一年级阅读星级评价标准

● 《学拼音儿歌77首》

一星目标★：按顺序或打乱顺序读第99页的声母、韵母、整体认读音节，拼读儿歌中红色的音节。

二星目标★★：拼读所有的音节，会念、背儿歌。

三星目标★★★：认读打印的字词。

● 《三字童谣》

一星目标★：朗读童谣。

二星目标★★：背诵童谣。

三星目标★★★：认读生字。

四星目标★★★★：创作童谣。

● 《成语儿歌100首》等四本

一星目标★：熟读儿歌，熟读目录上的题目。

二星目标★★：认读字词。

三星目标★★★：口述单元练习的答案。

● 《小学生拼音报》

一星目标★：朗读、圈画、认读打印的词。

二星目标★★：连词复述。

● 语文课本

一星目标★：读熟课文。

二星目标★★：背诵课文。

三星目标★★★：认读打印的字词。

四星目标★★★★：有感情朗读、录音。

● 《成语接龙》

一星目标★：拼读、指读注音的成语。

二星目标★★：指读无注音、打乱顺序的成语。

三星目标★★★：背诵成语。

三星目标★★★：认读生字。

五星目标★★★★★：根据意思猜成语。

● 《弟子规》《增广贤文》

一星目标★：在原文中认读圈画出来的词，根据字头背诵古文。

二星目标★★：认读打印的材料。

三星目标★★★：了解大意。

四星目标★★★★：连词复述或原文录音。

五星目标★★★★★：读其他版本的《弟子规》《增广贤文》，每读一本加一颗星。同时把故事读给家长听。

4

语文教学：
"读"才是硬道理

深圳南山实验学校的唐晓勇主任写道：

在韩兴娥的课堂中，我们看不到激情澎湃的讲解，也听不到诗一般的语言。但，她的学生却能引经据典，出口成章，轻松写作。在韩兴娥的课堂中，老师的话很少，但她的学生对语文课却有着浓厚的兴趣。

韩老师的这些做法似乎违背了目前所谓的"经典课堂"的标准，似乎也与目前的语文教学的趋势背道而驰。但，孩子们的语文素养确实得到了培养，学生的文化底蕴也越来越深厚，孩子们实实在在地成长着。原因何在？

我们仔细琢磨韩老师的课堂，其实她的做法并没有多少"高深之处"，但她把握住语文学习的核心、语文教学的规律，那就是——"读"。韩老师能很清楚地认识到大量阅读对培养孩子们语文素养的重要性。"读"才是语文教学的硬道理。这是我们每一位普通老师都能做得到的。

让"读"占鳌头，让我们的语文教学变得简单，轻松吧！

但是简简单单地读书、海量地诵读，又被专家找出了问题，说是"灌输式"教学，缺乏创新精神。但观察我的学生，他们有独特的见解，因为他们经过海量阅读之后，站在"巨人"的肩上思考，这才是真正有意义的创新思维。

一、先广泛阅读后创造

一位专家说：据调查，在小学阶段考取前十名的学生到中学直至成年后也大多没有多少成就，而有所作为的学生多半是第十名以后的。这个调查结果我在多年以前从杂志上看到过，但再次听到专家谈起心里不觉一沉：难道我那些讨人喜欢的高才生将来大多无所成就吗？后来跟孙玥、乔彦聪的家长谈起，他们颇不以为然，认为海量阅读是"前十名现象"的克星。痴迷于海量阅读的学生虽然没有为考试绞尽脑汁，但由于在阅读的过程中开发了智力，拓宽了视野，他们的考试成绩也不会差。这样的前十名学生将来怎么可能没有多少成就呢？

一位记者组织我班学生家长来开了一次座谈会。座谈会上，乔彦聪的父亲张口就说："我儿子越来越不听家长的话，都是韩老师教的……"众皆愕然，这位家长是否在我的同事与领导面前发泄对我的不满？"以前我说什么他信什么，现在不行了，我告诉他点儿知识，他还要先查字典、资料，老怀疑我！"原来家长是在说孩子不盲从，不人云亦云。赵丹的妈妈紧接着说："我女儿不但对老师、家长的话要查证一下，还常常修正书本上的错误，凡事都要经她自己思考。"一石激起千层浪，家长普遍称赞自己的孩子乐于思考。

在我的课堂上，引经据典、各抒己见是家常便饭，这当然得益于海量阅读。在阅读的过程中，孩子们接触到许多思想，这些思想有的甚至是相互对立的，这诱发他们主动去思考，老师不用特意告诉他们"学而不思则罔，思而不学则殆"。而缺少阅读则有可能导致盲从。举个小小的例子，一个对《史记》一点儿也不了解的人，你告诉他《史记》如何如何，他相信，因为他没读过《史记》，更没有通过其他途径了解过《史记》。但对一个"《史记》通"来说，你给他介绍《史记》，他自然不会全信，他会根据自己对《史记》的了解对你的话作出判断，因为他曾经通过不同途径对《史记》"海量阅读"。

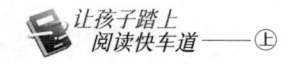

再举一个例子，王财贵教授在"中国传统文化与儿童潜能开发"讲座中主张让孩子在13岁前背诵经典，我觉得有一定道理，但我们同时也能听到不少"读经典是耽误学生"的论调。面对两种不同的观点，我必须思考：小学生该不该诵读经典？是否应该像王财贵教授说的那样让孩子在不理解的情况下天天背诵？面对不同观点，我们每个人都会思考，这是显而易见的道理。读书能促使学生思考的道理也是如此。有的专家对我国古代哲学家孔子很不以为然，而著名教育改革家魏书生推崇孔夫子的教学思想。他认为现在"为了一切学生"的观点不新鲜，孔夫子在两千年前就提倡"有教无类"；"与学生共同成长""分层教学""愉快教学"等这些新的提法，孔夫子也早就提出了更精炼的说法："教学相长""因材施教""寓教于乐"……魏书生主张做新事要比昨天做得更好，在继承的前提下创新，用一百种办法去实践孔子的教学箴言。这两种截然相反的对待孔子的观点引发我的思考：孔子的观点有多少价值？如果让学生学《论语》，应该怎么学？

该不该让学生诵读经典？是在理解的基础上读，还是先让学生诵读，再让他们慢慢领悟？教育界专家的不同观点似乎都有道理，但他们的观点我不能全信，名人的做法我不能照搬。虽然我的学问比起他们少之又少，能力比起他们差之又差，但我也有自己的优势：我是小学语文教师，我教了近30年的小学语文，一至六年级我都教过几轮。一句话，我和学生离得最近。在和学生的亲密接触中我感触到了学生思维的规律，触摸到了他们思维的脉搏。再说，我的学生在上四年级时阅读白话文的水平已达到六年级学生水平，剩下的两年，我们可以用课堂时间学习古代经典。在学习的过程中我不断地与学生、家长磋商，与家长共同观察学生学习时的情绪变化、思维变化，及时调整教学方案，这样就不会增加学生负担。

海量阅读能引发人思考，在思考的基础上去实践，就成了创造。如果缺少阅读，对学生的成长是舍本逐末；如果缺少阅读，对学生个性的养成是致命一击。书读得多了，自然就学会了比较，学会了"挑刺儿"，学会了和别人"抬杠"。海量阅读是精神创造的源泉。

"一个人不读书，他的见解就常常是从众的、被动的、缺乏分析的。一个民族不读书，这个民族的文化就丧失了创造性、批判性，个人就会被群体所淹没。当今正是个鼓励冒险、创新、让世界跟着自己走的时代。"一个人至少要有一百部经典作品的阅读量，这些经典可以是文学的，也可以是哲学的、艺术的、心理学的、历史的，等等。否则这个人在精神层面上很难具有独立的视角，很难对这个世界产生灵敏又丰富的回应。

"课内海量阅读"教学会使学生向着兼容并蓄、吐故纳新方向发展。

二、琅琅书声从学习拼音开始

孩子从学拼音开始，课堂上就应该书声琅琅。

学习单韵母的四个声调时，先一个一个字母领读四声。

在领读的过程中，一定要间隔着讲故事，比如："单韵母小朋友要玩游戏，玩什么呢？先开车，再爬坡，然后练习拐弯，它们最喜欢的游戏是坐滑梯。"一边这样讲故事，一边横着读字母——ā á ǎ à ō ó ǒ ò……横读几遍，小朋友觉得不新鲜了，就继续编故事："六个单韵母小朋友觉得自己玩没意思，就一起玩。"于是竖着读字母——ā ō ē ī ū ǖ á ó é í ú ǘ……新鲜劲儿刚过，老师又编出故事来了："不得了了，六个单韵母小朋友玩着玩着打起来了，你们知道他们为什么打起来吗？"我问这个问题是为了引导孩子比较"i"加上声调后点没有了，而"ü"加上声调后大多数时候还带着点。没想到小朋友们为字母想了很多打架的理由，比如，"a"和"o"打起来了，因为"a"有小尾巴，"o"没有，"o"不服气，就打起来了，于是六个单韵母就自己玩。于是老师领读——ā á ǎ ā ō ó ǒ ǒ……"'i'和其他五个单韵母都打了一次，因为它对其他字母长得胖不服气。六个单韵母混战一番，大家都气喘吁吁、头破血流，想想还是和好吧，它们六个又一起玩游戏了。"老师边说边表演，于是再读——ā ō ē ī ū ǖ á ó é í ú ǘ……

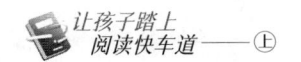

"'u'和'ü'也打起来了，因为一个有点，一个没有，一个占两层楼（两格），一个只占一层楼（一格）……"就这样，一会儿打架，一会儿和好，编故事和读四声穿插进行。朗读是语文课的主旋律，编小故事是为了理解，读远比听重要。

三、低年级强化朗读训练

低年级阅读教学的主要做法是淡化理解，强化朗读。

朗读能把书面上的文字加工成生动活泼的口语。作家写文章都力求语言生动活泼，并借助标点符号表达各种语气，借助转行、分段等表现层次。这些都可以帮助学生理解读物内容。但是由于缺乏"声音"这一要素，总会有许多自然活泼的语气表达不出来。朗读可以通过语调的轻重缓急、抑扬顿挫，淋漓尽致地表达感情，补充文字的不足，古人就有"三分文七分读"的说法。学生听了这种生动有感情的朗读，可以加深对读物内容的理解，产生朗读的渴望。有了朗读的兴趣，在朗读的过程中学生就能逐渐掌握有声语言表情达意的规律，如果把这种规律运用到无声的阅读中去，就可以使书面文字变成头脑中的形象，连成一幅幅活动的画面，这些画面可以唤起学生的想象，激起强烈的感情，加深他们对读物内容的理解，自然提高了阅读的能力。因此我在低年级的阅读教学中尽力做到淡化理解，强化朗读。

我的口才平平，朗读仅能做到字正腔圆，还是经常查字典的原因，我没有信心在公开课上示范朗读。在低年级的小孩子面前，我却没有一点儿羞涩，朗读时绘声绘色、声情并茂，一年级的小孩子善于模仿，老师的神态、语气等都成为模仿的对象，他们带着表情、加着动作、晃着脑袋读得可起劲儿了！

在低年级进行"课内海量阅读"，要降低要求、减小难度，可以将阅读中的难点留到以后的大量阅读中去融会贯通。比如学生读成语故事，对涉及众多历史人物、事件的成语，我不强求他们一定读明白，当学生读到大约100个成语的时候，诸如"春秋、战国、唐、宋、孔子"等历史名词，在他们小小的脑袋中就留下了一定的印象。

四、"课内海量阅读"要强化诵读难点

"课内海量阅读"对所学文章不能平均用力，简单的文章可以略读。遇到写景状物、介绍科普知识的文章，老师首先要示范，因为这类文章对小学生来讲，阅读的难度较大。对学生不易理解的句子和易错的字词，老师要进行示范讲解。如：

只要用橡皮／在用铅笔写的错字上／轻轻擦一擦

我们看到的红眼睛／是它眼球微血管网里／血液的颜色

用碧绿碧绿的大眼睛／一眨不眨地看着／主人刮胡子

潜水艇／就是照它的模样／造的

有些脂肪酸／能对调节人体生理功能／起重要作用

而且／因为压力降低／而使鱼鳔胀大／而爆裂

这几句话学生易读错的原因有三个：一是句子太长，不知在哪儿停顿；二是对其中词义不理解，如"微血管网""人体生理功能"……这些词对学生来讲是很陌生的；三是易读错多音字和日常生活中很多人都读错的音，如"模""刮""鱼鳔"等。

2000级实验班学生在二年级时进行了一个有益的尝试：与高年级学生比赛读课文。二年级的小学生读高年级课文，孩子们能读得较有感情，流利程度不亚于高年级学生，但是遇到一些他们没见过的生词时，孩子们往往乱停顿，优秀的学生也是如此。我当时觉得不可理解，后来想到他们不知道那是一个词，汉语没有分词连写的规则，词与词之间看不出界限，阅

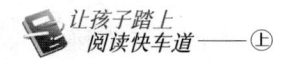

读时往往掌握不好停顿，而学生对词义的理解比较慢，因此强化读生疏的词能够在短时间内提高学生的朗读水平。

下面选取少量例子说明强化认读生疏的词的原因：

> 1. 呱呱落地　普罗米修斯　面面相觑　窥视
> 2.（1）我得为你的安全着想　一侧是身着朝服的文武官员
> 　　　　白居易着手整顿治理
> 　（2）穿着朴素　穿着打扮
> 　（3）着急　着火　着凉
> 　（4）穿着裙子　顺着　唱着

"呱呱落地"的"呱"念 gū 不念 guā，"普罗米修斯"是外来译音，学生不会连在一起以较快的速度念，"面面相觑""窥视"这两个词里面都含有生字，后面是词句中的"着"分别读三个不同的音。在我班上的学生进入中高年级后，我从来不进行多音字归类复习，这与我经常进行强化认读有很大关系。

当学生能认读2000个字之后，强化的重点由认读字词变为积累语言。这是《真情故事》前言中的部分语言：

真情是河蚌腹中的<u>一粒珍珠</u>，是黑暗中<u>燃烧的红烛</u>；
真情是母亲的<u>不休叮嘱</u>，也是父亲指尖<u>未燃尽的烟头</u>；
真情是夫妻间的<u>相扶相携</u>，也是朋友间的<u>相互支撑</u>；
真情是水，可以<u>沉淀</u>对他人的厌恶与仇嫉，给人<u>如海的胸襟</u>；
真情似火，可以燃尽心灵的一切<u>杂念与抱怨</u>，给人<u>如金的品性</u>；
真情如桥，可以让人<u>跨越心灵的距离</u>，让彼此更加<u>贴近</u>。

这么美的语言，如果让孩子自己去读，他仅仅看看而已，现在根据我的要求背诵口头填空题，小孩子两三遍就能背过，为作文打下坚实的基础。又如：

日本驻军司令没有办法，只好派汉奸来<u>威胁利诱</u>。梅兰芳<u>义正词严</u>地说："坐牢、杀头随你们的便，反正我是不会为你们唱戏的。"梅兰芳的爱国举动，表现了高尚的<u>民族气节</u>，赢得了所有爱国人士的赞扬。

这样的口头填空题，学生读一遍就能背过，他们给家长复述《梅兰芳蓄须》时，就能把这几个词说准确，而不是只会转述大概意思。

五、"小老师"让全班书声琅琅

在我的倡导下，有的家长乐于听孩子念书，孩子的朗读水平节节攀升。北海学校的家长大多对孩子关注多一些，我一天群发一个飞信，把要求、方法及时传给家长。对于学习速度慢的孩子，我则会单独给家长发飞信。青年路小学那些忙于生计、忙着挣钱的家长，我请他们多听孩子们读书，但缺少热情回应，于是我便借助"小老师"的作用，充分利用优生的帮扶带动作用。我想方设法利用一切可以利用的时间指导优生读书。这个过程一方面培养了"小老师"，另一方面让我可以了解到学生在阅读中的哪些地方存在障碍。对"小老师"的工作，我进行细致的指导与督促，其他学生被"小老师"检查合格后，我再来抽查。

我采取集体学习、小组学习、独立学习、一帮一等多种组织形式进行课堂教学。低年级的小学生读书时错别字很多，读破句的现象也很普遍，而且有的学生教八遍十遍还是学不会，这样就要充分发挥"小老师"的作用。我的课堂上除了集体学习和学生书面练习之外的所有时间，都允许学生下座位找"小老师"检查辅导。这样做使得全体学生都有学习、训练的机会，有利于学生间的信息交流，提高了他们的沟通能力，培养了合作精神；有利于学生在集体学习中迸发智慧的火花，提高学习质量。下面是学生写的一篇作文，描述了我们班课堂上的情景。

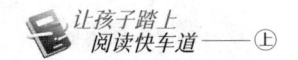

我们班里"乱哄哄"

乔彦聪

众所周知,课堂上大多数时候是安静的,是老师在讲台上讲着,同学们在台下一丝不苟地听。有时同学们在聚精会神地朗读,读书声在教室中迂回流荡……可是您见过"乱哄哄"的班级吗?我们班就是这样。"乱哄哄"不是指同学们不遵守纪律,而是上课时大家各做各的事,你读书,我背诵,他写字……

上课铃响了,大家不约而同地读读写写。有的摇头晃脑地朗读,让人听了如临其境;有的互相背诵,背书的一丝不苟,检查者目不转睛,唯恐有错误逃之夭夭;有的正在写生词,他一笔一画地写着,笔画十分有力,让人赞叹不已;有的一边皱着眉头思考,一边到讲桌前拿老师的大词典查找什么,对坐在角落里的韩老师视而不见;还有的跑到教室后面的书架上找课外书看,大概他完成作业了,抓紧时间读课外书。教室里看似乱七八糟,仔细看又井然有序,老师也不忍心打断这好学的气氛,她的脸上带着微笑,手里的笔不停地挥动着批改作业。过了一会儿,她批改完作业,也和同学们一样悠然自得地看起同学们的课外书来。下课了,大家依然沉浸在学习之中。韩老师喝一声:"喝水!出去玩!"……

我爱我的班级,在那里,我无拘无束,畅游学海。

我不是一个擅长管理的老师,在近30年的教育教学生涯中,我很少进行纪律教育,因为我坚信,只要学生自觉学习、自觉读书,班级纪律就不会差。

"课内海量阅读"滋养着老师和学生!

第二章
气定神闲海量学习拼音

怎样才能让贪玩好动的一年级新生喜欢上枯燥的拼音？一年级老师如何摆脱声嘶力竭的状态带领孩子们开开心心学会拼音？

1 引 言

  每学期只教学一本课本的常规教学法被实行数十年,其实,这种似乎高效的举一反三的教学理念可能是造就差生的源头。每个班里总有几个智力正常却连一篇课文也读不熟的学生,一直到小学毕业,他们都不具备最基本的熟读课文的能力,原因就在于举一反三的教学理念使那些"懒孩子""慢孩子"没有在相应的年龄段得到相当数量的训练,从而导致他们可能一生都不具备这方面的能力。

  我从2000年开始,将越来越多的文本搬到课堂上,发现"课内海量阅读"是不让一个学生掉队最重要的手段。举三反一、举十反一、举百反一……使每一个学生都能达到相应的能力。比如通过大量诵读白话文,我的学生个个朗读能力强,作文写得通顺,包括那些"懒孩子""慢孩子";通过大量诵读文言文,凭借语感,我的学生在老师教学之前就能基本正确流利地诵读文言文,读后能理解大意。升入中学后,当年在我班里感觉学习吃力的学生突然发现自己在学习文言文方面成了优秀学生。但对拼音的教学,我一直视为畏途,一直没有找到解决的办法。

  2014年,我又一次接手一年级,刚刚休了一年病假,身体还没有完全康复,尤其怕大声说话,面对吵吵闹闹的一年级学生,我内心充满焦虑,

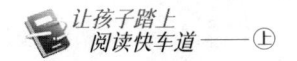

甚至有些恐惧。给学生上课不像给老师培训、开讲座，可以轻轻柔柔地讲，不急不躁地讲。给学生上课，需要眼观六路、耳听八方，不允许一个学生捣蛋——这是动感情、动体力的活，上完一节40分钟的课就累得够呛。而我实在没有跟小孩子不停地说话的体力，那怎么上课呢？如果教其他年级，学生的成长达不到我期望的高度，就失去了教学相长的乐趣。所以，还是从一年级带上来的学生省心，只要累半年，最多累一年，待学生爱上阅读了，老师就可以省心五年。于是2014年秋天，我把"举三反一"的理念搬到了拼音教学中，力求在一年级起步阶段就尽量教得轻松、扎实一点儿。在此之前，我已在诵读白话文、文言文的过程中成功地实践了"举三反一"的"课内海量阅读"理念和"分级达标"的"有教无类"理念。

毕迎春校长在青岛出差，不知跟哪家媒体探讨，打电话问我应该先教拼音还是先教汉字，她把《中国教育报》10多年前讨论过的问题抛给我。我说，之前我对先教汉字的做法很赞成，教拼音确实很闹心，我没有实践是因为懒于改变传统，现在我认为还是应先教拼音，因为"课内海量阅读"的理念同样适用于拼音教学。

2

海量听录音跟读

如同新手机需要长时间充电一样，对于一年级的小孩子来说，尽量不要以发散思维、创新教育的名义跟学生没完没了地对话讨论。小孩子想说什么张嘴就说，信马由缰、海阔天空、离题万里……所以应先让他们尽快识字，进入自由的阅读状态，只有站在巨人肩膀上的创新才有价值。所以，我的拼音教学带着明显的"灌输"的痕迹，那就是海量听录音跟读。

一、第一本教材：《学拼音儿歌77首》

这本书体现了我的三个理念：首先是海量。所谓海量，一是指所学字母和音节通过反复拼读、多次学习从而加深印象。比如在学习韵母"a"时，我选用了这样一首儿歌（右图）：韵母"a"通过音节ba、pa、ha、ma、fa、da、ta、na、ya、wa的反复出现，在小孩子脑中留下一个初步的、整体的印象，以此来寻找拼读的感觉。二是指全书通过77首儿歌，反复加深孩子对汉语拼音的23个声母、24个韵母的记忆。

《学拼音儿歌77首》内文

这与课本中单一的认知学习相比，拼读的基础可以打得更扎实。其次是有趣。每一个字母都配有一首儿歌、一幅彩图，小孩子喜欢听故事，老师结合儿歌和彩图给孩子编故事听，既学习了拼音，又理解了儿歌的意思，一举两得。最后是单纯。语文课本上的音节设计得太拥挤，不少刚入学的小朋友，眼睛跟不上、找不到，而这本书，字大图大，有的甚至用两个版面、两首儿歌来学习一个字母，小孩子的手指得准，适合定位认读。另外，彩色圆盘把所有的两拼音节都包含在内，通过定位认读的方法，把小孩子的注意力集中到花蕊中的韵母和花瓣中的声母上，再一次巩固孩子对字母的认识和学习。

能与"a"相拼的声母有以下19个：
b p m f　d t n l　g k h　zh ch sh　z c s　y w

不能与"a"相拼的声母有：j q x r

让孩子的手指着不同颜色的花瓣练习拼音，容易做到"眼到、手到、口到"

以下是开学第一天，整体输入彩图的"声母表""韵母表"。

播放音乐 b b b	山坡山坡 p p p	小孩摸人 m m m	佛像佛像 f f f	得了大奖 d d d	特技表演 t t t	哪吒闹海 n n n	可乐可乐 l l l
鸽子鸽子 g g g	蝌蚪蝌蚪 k k k	喝水喝水 h h h	母鸡捉虫 j j j	气球气球 q q q	西瓜西瓜 x x x	编织毛衣 zh zh zh	吃饭吃饭 ch ch ch
狮子吃食 sh sh sh	日出苗长 r r r	孩子写字 z z z	刺猬刺猬 c c c	吐丝吐丝 s s s	衣服衣服 y y y	乌鸦造屋 w w w	

声母表

张大嘴巴 a a a	公鸡打鸣 o o o	白鹅唱歌 e e e	一件衣服 i i i	一只乌鸦 u u u	一条金鱼 ü ü ü	高矮并排 ai ai ai	水杯杯子 ei ei ei
围上围巾 ui ui ui	奥运五环 ao ao ao	莲藕莲藕 ou ou ou	并排游泳 iu iu iu	椰树椰子 ie ie ie	月亮月牙儿 üe üe üe	耳朵耳朵 er er er	天安门 an an an
摁响门铃 en en en	印章印字 in in in	蚊子飞舞 un un un	白云飘飘 ün ün ün	昂首阔步 ang ang ang	电灯台灯 eng eng eng	老鹰飞翔 ing ing ing	钟表钟表 ong ong ong

韵母表

本来，我打算按《学拼音儿歌 77 首》序言中写的方法进行教学，先理解图意，领读口诀："播放音乐 b b b——山坡山坡 p p p……"然后"滚雪球"读，先让学生跟着老师一组一组地念，如先念"b p m f"，再念"d t n l"，然后两组合在一起念"b p m f d t n l"；依此教法，再念熟"g k h j q x"；再把两个大组合在一起念"b p m f d t n l g k h j q x"。可小朋友哪能安静下来跟老师按部就班地念，我无奈地用三言两语解释图意、领读口诀后放录音。《声母歌》《韵母歌》是春季找音乐老师录的，我把两首歌放到一个 U 盘上，插到扩音器上放。（因为身体不好，学校总务处给我配了扩音器，音响效果特别好）我一手拿印章一手拿印泥，有表现好的小朋友就给他盖印章。我要说话必须用话筒，否则谁也听不见我的声音，扩音器上放完《声母歌》就自动播放《韵母歌》，我手忙脚乱不方便操作，干脆把"韵母表"的图意也草草地讲了一遍。于是利用一个课时，我完成了 47 个字母的整体输入。当然，学生并没有学会。我要求他们眼看到、手指到、嘴跟唱，大多学生做不到。面对这群吵吵闹闹的小家伙儿，我哄着他们跟着我扮演警察"打枪"，我打一枪，他们连打两枪："打枪"时眼要准——盯着要读的字母；手要准——手指到字母上；嘴要跟准——"砰"，枪响时念出字母的名字。然后读一读，再聊几句枪打得准不

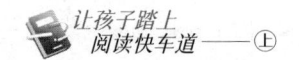

准的话题，编一个乱打一气把好人坏人一起打死的故事。小孩子的课堂就是这样，以读为主，穿插三言两语的小故事，既让他们不停念书的嘴巴休息一下，也讲一些知识要点。第二天复习时还是听一段录音，然后强调一下容易读错的字母如何读。之所以这样，一方面因为我的体力不济，我没法不停地跟小朋友们讲课，另一方面因为我发现听录音的效果特别好，可以把精力放到关注学生的状态上。于是开学第三天我开始用手机、录音笔给《学拼音儿歌77首》录音。

录音的基本模式如下：

> 第52页，请小朋友翻到第52页，指着圆圈中的小图，跟老师说：高矮并排 ai ai ai——
>
> 指读第一行，四声。（每读完一个空出跟读的时间）
>
> 指读第二行，音节，你指着第一个音节了吗？（先提醒小朋友把手指在相应的位置上，每读完一个空出跟读的时间）
>
> 指读儿歌：读一行。（每读完一行空出跟读的时间）
>
> 小朋友，下面读儿歌中红色的音节，你指着第一行第一个音节了吗？读音节和词。（尽量读儿歌中的词；不要连读几个音节，如第64页"又有油"，要读成 yòu——yǒu——yóu——"又有油"——；小孩子不宜变化太多）
>
> 第53页，请小朋友翻到第53页，读与 ai 相拼的音节。指着红色花瓣……

课堂流程：集中精力跟读—散乱听、说、展示—集中精力跟读

录一句停一停，空出孩子跟读的时间。小学生在听录音时手指得准，眼到、手到、口到，学习的效率就高了。一节课开始，在老师恩威并施的监督下先让孩子集中精力跟录音读10分钟左右，这对小孩子来说是一项高强度的脑力劳动。每节课的中间则听老师讲故事，然后师生议一议，让孩子的眼睛得到休息，身体得到放松。第一遍学《学拼音儿歌77首》时，跟读10分钟后，可以让小朋友观察一下书上的图画，听老师编故事。说来也奇怪，我在家自己看书上的图思考如何编故事时，总是缺乏灵感，想到的故事毫无趣味，一看到孩子的眼睛和笑容，就立刻有了灵感，编出的故事逗得他们好开心啊！也可以和他们讨论，其实在这个时段，小朋友的讨论没有太多价值，让他们七嘴八舌地说一说，是为了释放一下多余的精力，省得捣蛋。也可以展示一下学生的作品，比如，提前安排学生创作与字母的音形相关的图画，在课堂上展示一下，让学生猜一猜是哪个字母，这样可以加深对字母的认识。这样边学边玩10分钟左右后，再听一段录音就到下课时间了。

第三周，《学拼音儿歌77首》学完第一遍，我把录音再放一到两遍，第52页之前的"声母篇"和与单韵母相拼的音节录音放一遍，第52页之后与复韵母的拼读录音放两遍。一节课的开头、结尾还是听录音指读，然后讲与儿歌相关的故事，中间零散的时间可安排两个游戏让孩子轻松一下。

一是玩"找朋友"的游戏。把除了自成音节的"er"之外的46个字母做成头饰戴在学生头上。比如，请一个戴韵母"a"头饰的学生上台，老师的教杆指着黑板上声母表中的"b、p、m、f、d、t、n、l"，全体学生一起说"b、p、m、f、d、t、n、l"。老师让能跟"a"相拼的戴声母头饰的学生上台找朋友！戴"b、p、m、f、d、t、n、l"头饰的学生陆续上台跟"a"拼出音节，学生一起说"声母b，韵母a，成为朋友ba……"最后问学生："23个声母小朋友，谁没有跟韵母a做朋友？"戴"j、q、x、r"头饰的学生站起来。老师再问："你们为什么不跟a做朋友？"学生说："第41页的转盘下面写着'不能与a相拼的声母有j、q、x、r'。"游戏过程中，如果戴"j、q、x、r"头饰的学生跑上讲台，请他们下台时也让学生打开第41页读"不能与a相拼的声母有j、q、x、r"。

二是做"拼读姓名"的游戏。入学快一个月了，学生之间已熟悉得差不多了，他们对这个游戏充满兴趣。这个游戏也是为下一步把全班学生的

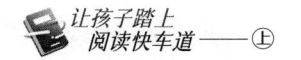

姓名当教材做准备。

拿一节课中间的时间用来做游戏，虽然这轻松一刻的时间是零散的，但孩子或多或少也能学习一些知识。

二、第二本教材：学生姓名

三个星期后，《学拼音儿歌77首》学过两遍之后，孩子们对这本书失去了新鲜感，于是我又配上新鲜的学习材料，那就是全班学生的姓名。我把全班学生的姓名注上拼音，排到一张A4纸上，全班学生一人一张听录音跟读。依然是一节课的开头10多分钟、结尾10多分钟听录音跟读，中间的时间用来做游戏。同时，我会事先发飞信告知家长做卡片：

准备"姓名卡片"：用厚纸，A4纸的一半（长30厘米左右，宽11厘米左右）即可，大一些更好。一面写学生姓名的汉字，另一面写学生姓名的拼音，整体认读音节用绿色或蓝色笔写，三拼音节中间的韵母用红色笔写。

　　任叶萱　　　　　　rén yè xuān
　一面是学生姓名的汉字 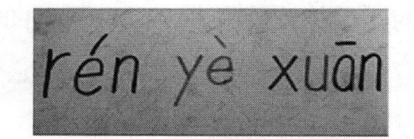　　一面是学生姓名的拼音

做游戏既是学习，也是休息，因为这时候孩子的注意力是散乱的，上台的孩子拼读得不一定正确，但孩子们很喜欢上台，不过要守纪律，家长做了卡片的孩子才能得到这个机会。以前全班的卡片都是我一个人写的，现在改为家长写，不是因为我越来越懒了，而是明白了一个道理：应该家长做的事不能由老师包办。

关于这种游戏的教学，2000级学生管潇在作文中这样记载：

说起韩老师，让我记忆犹新的是我们一年级学拼音的情景。韩老师为了让我们快乐地学习，给我们每人制了一张大卡片。卡片上有我们每个人的名字及拼音，那卡片是那样精致，上面还画着一些小图案。同学们拿到卡片的时候都爱不释手，老师说："看谁能教会全班同学读自己的名字！"

只见叶丽雪两只小眼睛东瞧瞧，西看看，终于在副班长乔彦聪身上定格了。叶丽雪快速向乔彦聪跑去，满脸自豪地对乔彦聪说："乔彦聪，你来拼拼我的名字！"乔彦聪傻眼了，眉毛向中间一蹙，手不停地拍打着自己的脑袋说："哎！这个拼音怎么念呢？"叶丽雪得意忘形了，脸高高地向上仰，表现出得意的神情，就像一个骄傲的公主，她终于等不及了，放下公主的架子对乔彦聪说："我的名字念 yè lì xuě。"

潘怡林是我们班最有名的调皮鬼，他拿到写着自己名字的拼音卡片，可激动了。他第一个跑向我们班的头号"大懒蛋"徐斌身边，兴高采烈地说："徐斌，徐斌，快拼拼我的名字！"

…………

就这样拼来拼去，我们都会拼全班53个同学的名字了。韩老师还有高招呢，她问："谁的名字里有整体认读音节？教教大家。""谁的名字里有两拼音节？"什么叫寓教于乐，相信你已经从我的作文中找到了答案。

下面是2006年在青年路小学只教了一年的那个班的教学情况：

再教一年级，老办法出新意，而且更细致更易操作。每个学生的桌上我都贴了一张"名片"，上面分别用拼音和汉字写着他们的姓名。学习拼音时，我常问学生："谁的姓名能用学过的声母、韵母拼出来？你生活中的哪些人、物、事能用学过的声母、韵母拼出来？"比如"李家慧"这个名字，在学习"d、t、n、l"时拼读"lǐ"，并认读汉字"李"，在学习"j、q、x"时拼读"jiā"，并认读汉字"家"，在学习复韵母"ai、ei、ui"时拼读"huì"，并认读汉字"慧"。这样就为抽象枯燥的拼音教学增添了许多乐趣，同时让学生认读了汉字。学生在课余也兴致盎然地认读桌上的"名片"。

我用三个星期就完成了拼音教学，当然有些学生拼读还不熟练，尤其是二声的音节，但声母、韵母、整体认读音节是每个学生都过关了的。周末，我在家做了全班同学的姓名大卡片，一面是汉字，一面是音节，用来在课堂上集体学习。第一遍是集体拼读，拼到谁的名字谁就站起来领读。比

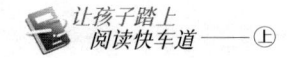

如拼到"李锦川",李锦川就站起来说:"我是李锦川,l—ǐ—lǐ,j—ǐn—jǐn,ch—u—ān—chuān。"谁能把全班的名字都拼出来,谁就可以拿着这些卡片做游戏。邱鸿宇等5个同学早上、中午一到校,就在教室里练习拼读,一天就会拼50多个学生的姓名了。我让他们五个人做了一个游戏。比如李家慧拿着自己的姓名卡片教同学拼读"lǐ jiā huì"后,把卡片翻过来,让汉字面对全体同学,说:"我是李家慧。"学生一起说:"你是李家慧。"然后她再拿另一个学生如李锦川的姓名卡片,拼读后,说:"我是李锦川。"全体学生一起喊:"你是李家慧,他是李锦川!"学生一边拼读一边认字,有时手舞足蹈、大呼小叫,真是劲头十足。这比起上届学生拿着卡片满教室里转的效果好了许多。

运用学生的姓名可进行下面的练习:

自我介绍:让每位同学拿着卡片上台自我介绍并领读。

对号入座:哪个同学的姓名中包含"ei"这个韵母?领读。

哪个同学的姓名中有整体认读音节?领读。

哪个同学的姓名中有两拼音节?领读。

哪个同学的姓名中有三拼音节?领读。

教会全班学生读自己的姓名,学会读全班同学的姓名。

抢读比赛:老师出示卡片,谁最先读出就把卡片交给谁,最后看谁得到的卡片最多,就说明谁交的朋友最多。

送"信"(写着姓名及拼音的卡片)**游戏**:谁最先正确送完就被评为"最佳小邮递员"。

活动延伸:拼读家庭成员称呼或身边的事物。

三、第三本教材:《三字童谣》

执教2006年、2007年的两个一年级时,我用三个星期教完拼音后,读的第一本注音读物就是三个字的儿歌。浩璇的妈妈买了一本图文并茂的幼儿读物,里面的儿歌是三字一句的,内容浅显,情趣盎然;字也比较大，还带有注音，很适合刚学完拼音的学生读。有一本彩印的书，价格很便宜，我没有多想就推荐班级一起使用。在学课文之前，我领孩子们读这本简短的儿歌书，是为了给学生铺设一个缓坡，降低拼读难度。

2013年，我休病假期间，从书上、网上找了81首三个字的儿歌，注上音，并把生字词编排到每页纸最下面的方框中，方便有识字能力、识字愿望的孩子识字。

如：

70　柳树梳头发

xiǎo hé shuǐ huā lā lā
小 河 水，哗 啦 啦，
xiǎo liǔ shù xiào hā hā
小 柳 树，笑 哈 哈。
zhàn hé biān shū tóu fa
站 河 边，梳 头 发，
méi tóu shéng zěn me zā
没 头 绳，怎 么 扎？

71　小老鼠

xiǎo lǎo shǔ shàng dēng tái
小 老 鼠，上 灯 台，
tōu yóu chī xià bù lái
偷 油 吃，下 不 来。
zī zī zī zī zī zī
吱 吱 吱，吱 吱 吱，
jiào nǎi nai bào xià lái
叫 奶 奶，抱 下 来。

> 灯台　头绳　怎么　柳树　老鼠　哗啦啦
> 扎头发　河边　偷　吱　抱　站　没　梳　油

"海量阅读同步实验"QQ群中的刘维丽、寇丽君、徐慧、王琳、张海燕老师为这81首儿歌录音，每拼读一个音节就停一停，空出学生跟读的时间。这种"灌输式海量拼读"是从2014年秋天开始的，是为了让全班学生都在9月、10月两个月熟练拼读，拼读速度快了，以后就可以"一劳永逸"。教学重点转移到汉字教学时，就可以淡化拼读了。

因为怕说话，我找到了这种省力的办法，以前身体健壮时是和学生拼力气的，现在变"懒"了。"懒"有"懒"的好处，勤有勤的优势，都有可取之处。下面是2007年的教学笔记：

上课铃声一响，我对着话筒开始念儿歌，孩子们或者念或者背，一

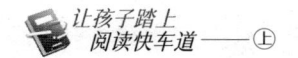

首接一首，直到全班学生都拿出书翻开正在读的页码后，我让他们停止诵读，表扬一下那些在课前就已能背诵的学生，让他们下课时领张小卡片，就这样，课前提前读的孩子越来越多。然后学生按座次自告奋勇领读儿歌，一首读完，全班学生跟读，这是领唱与合唱的旋律，是最悦耳的音乐；孩子们那一张张一会儿乐不可支一会儿又专注于书本的小脸是最亮丽的风景。我置身其中，品味人间至福。

在10月份，"开火车"读为时尚早，因为有的学生拼读速度太慢，有的学生声音太小，其他孩子没有耐心听。如果为了体现公平而让那些阅读能力尚差的学生磕磕绊绊地读，对全体师生的耳朵来说无疑是一种痛苦，刚入学的孩子怎么可能忍受这种痛苦呢？听够了听烦了还能坚持着听，那是随着年级升高逐渐被"镇压"出来的本领，我不喜欢这样。"己所不欲，勿施于人"，我不想责令学生必须听他们不爱听的语言。于是除了教师领读外，还要调动那些优秀学生领读的积极性，让他们成为识字、阅读的先行者。领读对孩子们来说是鼓励是机会，对老师来说，也可以省点儿力气，只有老师高高兴兴、精力充沛才可能营造出润泽的课堂氛围。

集体读20分钟后自由读，我站在讲桌前，让学生分排（按座次分四排）上台检查。只会读儿歌的往书上盖小星星印章，既会念儿歌又能认生字的盖大奖杯印章（到刻字店刻的五角星、奖杯形状的印章）。这个阶段的孩子坐不住，拼不熟就急急忙忙找老师，于是我制订了奖励标准：能一次找老师读熟10首儿歌的除了盖印章之外还有一个奖品，一次读熟20首的得三个奖品，一次读熟30首的得五个奖品……有些沉稳的、阅读能力强的孩子就不急着找老师检查是否读熟了，而是凑一凑，让老师一次多检查一些，这样就减轻了老师检查的压力，避免大量学生排队等候浪费时间。

由于国庆节前一周学完拼音时孩子们就开始拼读《三字童谣》，所以除三分之一只会拼读儿歌的学生之外，那些有一点儿识字基础的、比较听话的学生在国庆节后一周就读完了这本书，并且认识了200个生字，占全班学生的三分之二。当然，孩子们对这些字认得并不扎实，在儿歌下面时他们认识，换个地方就不认识了。但这不要紧，我还准备了许多书等着他们呢。苏联教育家赞科夫曾提出一个教学的高速度原则，其中一点就是无须专门进行复习，因为学新知识的过程自然而然就在复习旧知识。

我们曾经自选三字童谣，东一首、西一首地拼凑着，然后打印装订成册，让一届又一届的一年级孩子读，非常不方便。为此我们精心挑选了适合一年级孩子读的三字童谣，配上填色功能，出版了《三字童谣》。这些童谣三字一句，内容浅显；字大大的，配有拼音、插图，很适合刚学完拼音的孩子用来巩固、复习拼音；另外，把生字集中编排到童谣旁边的方框中，方便有识字能力、识字愿望的孩子轻松识字。

学完《三字童谣》，大约就到了 10 月底。如果没有考试的压力，还可以学《成语儿歌 100 首》等四本儿歌，但包括我在内的绝大部分老师都沉不住气了，还是先学习课本，把课文读熟之后，一边教写字，一边读儿歌。

3

保证学生
有效学习的策略

一、"指读"使学生注意力集中

我要求学生读书时做到"四到"——眼到、手到、口到、心到。"心到"老师无法控制，是否做到了眼到、手到、口到，老师能够看得见，走神、捣蛋的孩子越来越少，与这"三到"要求有关。读书时用手指着字被同行批评为"指读"，全班学生拉着长腔齐读，被斥责为"唱读"。说"指读"容易使学生养成"唱读"的坏习惯，纯粹是人云亦云的无稽之谈，"指读""唱读"是因为学生识字少、拼读速度慢、阅读能力差。我反其道而行之，强行要求学生"指读"，这样容易集中精力。这种强制行为没有带来任何不良后果，孩子阅读课外书时并没有去指读，因为阅读速度快了他们会自然而然地默读，默读的能力也不需要专门训练，默读、浏览、速读都是海量阅读达到一定程度的自然产物。"指读"一方面便于老师集中孩子的精力，另一方面让学生注意字形，既练习了拼读音节，又为识字打下了基础。

我自己在浏览文章时也发现"指读"是个好办法，但是阅读《读者》《家庭》这类杂志，是不需要指读的，因为阅读这类杂志常常是为了放松，像看电视节目一样不需要付出太多的脑力劳动。一个晚上往往能轻松读完一本《读者》，而同样厚度的《小学语文教师》等杂志，有时一星期也读不完一本。读一些有助于增长知识、提高理解能力的文章，"指读"是个好办法，它可以让我们"读得很主动，很专心"。在经典阅读指南《如何阅读一本书》中，我为"指读"找到了"理论依据"：

  我们的手（或其他工具）就像是个计时器，不只负责增进你的阅读速度，也能帮助你专注于你所阅读的东西上。一旦你能跟随自己的手指时，就很难打瞌睡或做白日梦，胡思乱想。到目前为止，一切都很不错。专心一志也就是主动阅读的另一种称呼。一个优秀的阅读者就是读得很主动，很专心。

  教法即学法，辩证看待那些一直被认为正确的教法，用学法指导教法可以让学生收获更大进步。

  至于"唱读"，是齐读时为了读整齐而自然而然拖起的长腔，这也是不用纠正的"错误"，只要是学生自己读，自然没有人去"唱读"，当然也有个别学生自己读时拖长腔"唱读"，那是阅读能力尚差的表现。

二、用印章换奖品激励学生

  在当老师近30年的岁月中，我曾采用过很多奖励办法，最好用的办法是盖印章。如果奖励孩子东西，可能会起反作用，学生可能上课忍不住玩起来。而且给孩子的小奖品虽然不值几个钱，但发多了，也是一笔不小的开支。最可气的是，一旦不奖励，学生就缺乏学习的劲头儿了。而盖印章就方便多了，好几个印章才换一个小奖品，老师可以大大方方地盖。小孩子时常得到奖励，天天开心。用不同数量的印章可以换不同的奖品，学生有选择的机会，总能找到自己喜欢的东西。

◎ 5个印章换1个小奖品 ◎

  9月1日，一年级小孩子第一天上学，对学校环境还很陌生，还算安静。发给每个学生一人一张盖印章的纸（以下简称"印章表"），看到能自己拿本书翻一翻的孩子，我就盖上"认真读书"的印章。晚上我再通过飞信告知家长：孩子每得5个印章，我会奖励1朵塑料花或同等价值的卡片、星星纸等，请家长在孩子面前表现出对印章、奖品的重视。

小朋友跟着录音读时，我把精力放到学生身上，一个一个检查、指导"眼到、手到、口到"。小孩子听录音时，我一手拿印章，按座次给按要求读的学生盖印章，另一手拿笔，随时给捣蛋的学生画个圈扣掉一个印章。光奖不罚显然不行，奖多罚少，让捣蛋的孩子也有"盼头"，小朋友才能尽快进入学习状态。

上语文课时学生课桌上摆着书和印章表

教学流程都是"跟录音读—听、说—跟录音读"。上午最早的那节语文课铃响前，我在黑板上只写一个页码，比如写"第40页"，第40页是昨天学过的内容，上课铃一响就放录音。录音一响，我就"健步如飞"到学生座位上"送鸭蛋"：在教室快速转一圈，一看到没翻到相应页码的就圈掉他的一个印章，也就是送一个"鸭蛋"。开学前几个星期，我先提醒："没翻到第40页的，老师要'送鸭蛋'了！"过段时间学生养成了习惯就不用提醒了。到了中高年级，学课文时，第一个环节就是听课文录音，录音对维持纪律、让学生迅速进入学习状态的效果比上课铃都管用。等学生都"手到、眼到、口到"时，我就按座次盖印章，那些走了神但看到我手中挥舞的笔就立刻进入学习状态的，我也给盖上。极个别半天都找不到读到哪里的学生，我就不盖。如果我转完一

各种小奖品

圈后，看到孩子重新进入学习状态了，也可能补盖一个，也可能忘记了。盖完后，我再拿起笔在教室里转，看到走神的，就把笔在他眼前晃晃，这支笔是用来画掉他的宝贝印章的，他可警觉了！去年秋天，我在成都锦晖小学听课时，看一个年轻老师给学生一人一张纸用来盖印章，我就把她的做法"发扬光大"了。印章可以多盖，5个印章换1个小奖品，老师盖印章时大方得很，阳光普照每个孩子，雨露润泽每个孩子，这些印章和奖品对孩子后期的发展发挥着无穷的作用。

◎ 10个印章换1张借书卡 ◎

很早就看到一年级的教室里有一排架子，分成一个一个小格子，大概是给学生放衣物用的，我早就想把那些格子当书橱了。开学一段时间后，我让每个学生最少带两本书。我按书的大小分类，分别放到六个格子中，每个格子放20本书，每个格子都不放满，书最多占一半的空间，剩下的空间是为借书卡留的。每本书都贴上口取纸，在口取纸上编号。第一个格子的书，从"1—1"编到"1—20"，第二个格子的书，从"2—1"编到"2—20"……每个格子的书名等信息打印到一张"横向排列、分两栏"的A4纸上对折装订。

借书签名（时间）	书目、主人、格子号	还书签名（时间）
	《忘了说我爱你》、雨诺、1—1	
	《神奇校车——水的故事》、文博、1—2	
	《神奇校车——追寻恐龙》、文博、1—3	

六个格子的书目正好印六页纸，用一张厚纸当封面装订成一本小本子，每个学生都有这样一本"借书记录本"。从哪个位置借的书，就把借书记录本放到哪个位置。老师为每个格子选一个读书多、守纪律的学生当管理员。学生每借一本书都要交给管理员一张借书卡。借书卡的来源有两个：一是10个印章换1张借书卡；二是根据学生带到学校来的书的质

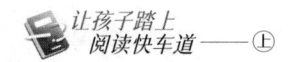

量、数量送他们借书卡。到了一年级下学期，有更多的学生乐于把自己的好书带到学校跟同学共享，一是因为拿好书、多拿书就多得借书卡，与人方便，与己方便；二是因为一个管理员只需要管理20本编了号码的图书，不容易丢，放假前就会把书还给学生；三是因为每个学生只有一本借书记录本，一次只能借一本书，也不容易丢书。

我给学生印的名片纸大小的"借书卡"都编了号，从"借书卡1"一直到"借书卡100"，每个学生按序领100张。每打印100张卡（用10张纸，每张纸排10张卡），我就换不同的字体或用不同图案、不同颜色的纸印，所以学生手中的卡不容易混。我批发了透明的自封小塑料袋，奖给学生装借书卡用，非常方便。

◎ 30个印章换1个大奖品 ◎

9月上旬，小朋友每集齐5个印章就找我换奖品，一下课小朋友就凑到我跟前，我也不厌其烦地忙着给他们换．他们稍加努力就能得到奖品，使小朋友感到上学有趣，迅速地适应了学校生活。

两个星期后，学完第一遍《学拼音儿歌77首》，学生陆续找我检查，换奖品的又来凑热闹，我有些急躁，就规定印章表上全盖满了印章再换。看到有的小朋友很失落，于是我搬出"大奖品"：铅笔、包书皮、发饰等，30个印章换1个大奖品。小朋友感到大奖品的吸引力大。老师隔段时间就更换大奖品的品种，并请家长想办法让孩子对奖品感兴趣，使小朋友对挣印章保持兴趣，班级纪律就容易维持。

"同步海量阅读教师"QQ群中的刘维丽、寇丽君、徐慧几位老师帮助我录音、整理文本，我们之间经常电话联系，她们采用这种奖励办法之后，也惊奇地发现，学生乖乖地进入了学习状态。那些调皮捣蛋、注意力不集中的孩子在老师的"严防死守"之下，也能保证有效学习的时间。其实学困生是从一年级开始学不进去，以后和别人的差距越来越大，到中学后几乎无法自主学习，因为他不具备学习的能力。所以防止出现学困生，一年级是关键，爱上阅读的孩子往往不会成为学困生。

◎ "小老师"参与管理 ◎

在五六十个学生的大班中，老师一进行个别辅导，其他学生就乱成一锅粥。现在真不比年轻的时候，一听到耳边"蛙"声一片，我就头晕、耳鸣。但老师要检查学生的读书情况，要指导学生写字……总不能老盯着全班同学。一天早上，我给了一个识字多的学生一个印章，那是我用了近20年的奖杯状的印章。我曾经通过飞信告知家长要鼓励孩子多挣奖杯状的印章，因为那是给自觉读书的孩子盖的。由于家长的重视，这个印章对学生有一定的吸引力。拿着印章的学生在教室里转来转去，其他同学见状竟然安静下来了。后来，我在进行个别检查和辅导时就找一个守纪律、识字多的学生（也就是"小老师"）盖印章。我会检查小老师盖印章是不是做到了公平、公正，如果认真读书的没有给盖上不行，不好好读书的给盖上了也不行。每次盖1~2个印章，保证给读书的同学盖上一个，给读书特别专心的盖上两个。而且，只要是专心读书的孩子，都有当小老师的机会，我会在花名册上做好记录。管理得好的小老师还会得到一张"小老师"奖状，可以顶10个印章，也可以当借书卡用。管理得不好的小老师就只给他盖一个"小老师"印章。

学生当了小老师之后的表现千姿百态。有的拿着印章晃来晃去，舍不得给同学盖；有的"以权谋私"，给自己、自己的好朋友盖一大堆印章；有的给不读书的同学盖印章，老老实实读书的同学反而得不到印章。我经常给全体学生一个发言的机会："今天早上，你读书的时间很长、很专心，但小老师一直没给你盖印章的，请举手。"有时看到平日捣蛋的学生竟然得到了两个印章，我也会查证一下："××同学挣了两个印章，请他的同桌、前后桌说一说，刚才你读书时，××有没有乱说话、乱晃桌子，影响你学习？"我经常告诉学生："韩老师一心二用，边批改作业边看你们是不是在读书，如果发现小老师给不守纪律的同学盖了印章，一个月内不会再找他当小老师。如果再次当小老师还做不到公平、公正，就永远得不到当小老师的机会。"

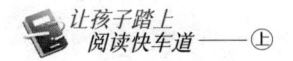

后来，我又刻了一个奖杯状的印章，让两个小老师各管理两排学生，一方面满足小孩子乐于管别人的心理，另一方面也使自觉的学生能得到印章。再后来，我刻了"早读""午读"两个印章，早上读书时盖"早读"，而午练时写完作业的学生读书则会得到"午读"印章，这些印章方便了家长了解孩子在校的纪律情况。在给家长的飞信中，我多次强调："请家长查看'早读''午读'印章，并过问没有印章的原因。"渐渐地，孩子们就在课堂上自觉起来了。

4

海量拼读分级达标，
　有教无类

  我教学拼音的速度很快，那些上学前拼音基础差的学生最初感觉什么都没学会，但放录音时，老师可以把精力放到关注学生的状态上，通过"严防死守"，使那些精力不集中的学困生能有一段时间的有效学习。开学后第二周，我找出十几个拼不出声母和单韵母音节的学生，通过飞信通知家长，有的家长马上回复短信或电话，有的家长真不着急，那就以后再找他们。这一届学生，我一个也不补课，包括休病假的学生。因为学习语言靠的不是老师举一反三的讲解技巧，而是"举三反一"的海量诵读。老师怎么可能有时间给一两个学生海量补课呢？老师在办公时间本应该考虑如何提高课堂教学效率，为全体学生负责，如果把精力放到一个学生身上等于忽略了其他学生。所以，我跟家长的关系很单纯，家长对我友好也罢，不客气也罢，我对学生都是一样对待，捣蛋的挨批评，爱学习的被表扬。开学前，我已跟各级领导在各种场合说过，我以后不上公开课，也不欢迎除同事以外的任何老师听课。我乐于继续在教学一线是为了寻找简单、有效、具有普适性的教学方法。所以，我隔段时间就会把达不到最低目标、有掉队可能的学生排查出来，并告知家长，要求他们在家要安排适当的复习，一对一的教学效果绝对好于集体学习的效果。只要孩子在校、在家能保证一段时间的有效学习，过段时间，经过海量拼读，基础最差的孩子也会通悟。上一届有两位家长一直跟我较劲一个问题，认为我教得快就会不

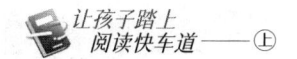

扎实，感觉他们的孩子"学了跟没学一样"，那届孩子升五年级前的那个假期，我已两个月发不出声来了，两位家长期盼换一个教得慢一些、扎实一些的老师，我竟跟那两位家长较上劲了，声音哑了也不休假。就这样，哪怕在课堂上不说话我也把学生带到了毕业，我带了四年的学生不需要老师说话就能学习。学生上了中学发现"没学跟学了一样"，当年那些"懒孩子""慢孩子"，语文学得特轻松，都是语文高才生。朋友们纷纷往北京调，我安心留在山东潍坊，一方面因为身体不行，怕出力；另一方面，也是最重要的，因为有了当地百姓的口碑，有了家长的支持，教学会省很多力气。

《学拼音儿歌77首》除了魏老师帮我录了10页，近100页的书，我一个个音节、一首首儿歌都录了音，有的录了数次才成功，累得气都喘不上来了，但想到是为小朋友准备的下半个月的"口粮"，就安心很多。请雨诺妈妈转录音格式后，我分别存到三个U盘中，用记号笔编上号码放到教室里，到时插在小蜜蜂扩音器上放录音时方便选择，电脑也不用打开，课前准备非常方便。

1号盘（声母）

7—17页（b—h）18分钟

18—28页（j—r）15分钟

29—39页（z—w）14分钟

2号盘（韵母）

40—45 页（a、o、e）14 分钟

46—51 页（i、u、ü）17 分钟

52—58 页（ai、ei、ui）14 分钟

59—65 页（ao、ou、iu）15 分钟

66—72 页（ie、üe、er）10 分钟

3号盘（韵母）

73—81 页（an、en、in）15 分钟

82—87 页（un、ün）9 分钟

88—92 页（ang、eng）9 分钟

93—97 页（ing、ong）8 分钟

98—99 页（标调歌、韵母表、声母表）4 分钟

每个U盘中装了什么内容，打印好贴在黑板一侧，要放哪一部分录音时非常容易找到。后来，我又买了一个"老头乐"播放器，可以通过数字按键选择要播放的录音文件，更加方便。

后来在教学过程中，淄博的刘维丽老师教学进度比我快，她指出录音中的错误，并重新录了一部分。有了得力的助手，我省事了许多。

第二周周五我给每个孩子发一张"检查表"（见表1、表2）。一面是正在学习的《学拼音儿歌77首》，另一面是下一步要学习的内容。

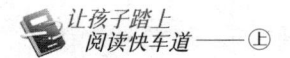

表1：《学拼音儿歌77首》检查表

页数	拼读音节	指读儿歌	背诵儿歌	认读生字	备注
1—10 页					一次检查1组赠 ★
11—20 页					一次检查2组赠 ★★★
21—30 页					一次检查3组赠 ★★★★★
31—40 页					一次检查4组赠 ★★★★★★★
41—50 页					一次检查5组赠 ★★★★★★★★
51—60 页					一次检查6组赠 ★★★★★★★★★
61—70 页					一次检查7组赠 ★★★★★★★★★★
71—80 页					一次检查8组赠 ★★★★★★★★★★★
81—90 页					一次检查9组赠 ★★★★★★★★★★★★
91—99 页					一次检查10组赠 ★★★★★★★★★★★★★

表2：《语文课本》《学拼音、读儿歌、识汉字》《三字童谣》检查表

课本 1—25页	拼读音节	指读儿歌	背诵儿歌	认读生字	一次检查1组赠 ★
课本 26—43页	拼读音节	指读儿歌	背诵儿歌	认读生字	一次检查2组赠 ★★★
同学姓名	拼读音节 ★★		指读姓名 ★★		一次检查3组赠 ★★★★★
熟悉的儿歌、 入学教育	指读儿歌	背诵儿歌	认读生字		一次检查4组赠 ★★★★★★★
汉语拼音 情境歌	指读儿歌	背诵儿歌	认读生字		一次检查5组赠 ★★★★★★★
《三字童谣》 1—27首	拼读音节	指读儿歌	背诵儿歌	认读生字	一次检查6组赠 ★★★★★★★★
《三字童谣》 28—54首					一次检查7组赠 ★★★★★★★★★
《三字童谣》 55—81首					一次检查8组赠 ★★★★★★★★★★
《三字童谣》 82—108首					一次检查9组赠 ★★★★★★★★★★★

（注：表1、表2从第二组开始鼓励多背多检查，赠送星星适量变多）

"拼读音节"指的是拼读儿歌中所有的音节，在第一列中盖一颗星。"指读儿歌""背诵儿歌"两项要求也不难达到，因为上课最少会听三遍录音。有的孩子虽然会指读、背诵儿歌，但那是听会的，并不认识字，老师也会在第二、三列中给他盖印章。因为孩子在听录音跟着指读的过程中，虽然没有把字的模样认清楚，但对以后识字会起作用的。就像我9月份看到学生时第N次问他"你是谁"，小朋友觉得好笑："韩老师记性好差，竟然还不认识我。"有几个小男孩已不屑于回答我这个无聊的问题。五班、六班学生站在一起时，我能分辨出哪个是五班的学生，但模样和姓名能对上号的还是少数，开学第一个月，我这种对学生模模糊糊的认识，就好像孩子指读儿歌时对生字的认识一样，虽然模糊，但对将来精细认读生字会有作用的。所以我通过飞信告诉家长，让孩子听录音指读时，手指放到字的下面，眼睛既能看到拼音又能看到生字。对于学前识字少的孩子，家长不必要求他"认读生字"。现在认识字的多少及对拼音的熟练程度并不重要，重要的是孩子能不能形成自学的意识。所以我既倡导家长适当陪读，又想方设法让孩子离开家长的视线时能自觉学习。我提示家长都要有"遥控"孩子自学的方法。比如，孩子"检查表"上的印章是怎么得到的，是家长在家盯着学会从而得到的，还是孩子在学校自己找时间学会从而得到的？孩子早上、中午到校后，老师允许他们喝水、上厕所，但不允许在教室里玩闹，有的孩子会利用这一小段时间来自学（奖杯状印章是标志）。把课堂书面作业完成得快的学生也能利用这一小段时间读两页书。家长对孩子每天学会了什么、什么时间什么地点学习的要有所了解，就能"遥控"孩子自觉学习了。孩子学习是长远的事，老师、家长不要让孩子太累，但要想方设法促使孩子能够安静下来自觉学习，这才是长远之计。

表2是复习完《学拼音儿歌77首》后的学习内容，也是分级达标，对孩子提出不同的要求。两个表格都标注了"赠"的印章数量，那是为了鼓励孩子多学一些再找老师检查。表1中的"一组"指10页，"一次检查2组"指一次检查20页，这样既减轻了老师检查的负担，也促使孩子多复

习。对于学前基础差的孩子可以不要给"赠"的印章，一组一组地查；而对于学前基础好的尽量一次多查几组。如果能让不同基础的孩子"能飞的飞起来，能跑的跑起来，能走的慢慢走"，那么受益的是整个班的孩子。主动承担打字任务的雨诺、云松两位妈妈内心想的，应该也是"你好我好大家都好"。

教完《学拼音儿歌77首》需要三个星期，复习需要一个星期，掌握最慢的孩子也会达到一星目标。一星目标是会按顺序、打乱顺序读第99页的声母、韵母、整体认读音节，会拼读儿歌中红色的音节。二星目标是会拼读所有的音节，会念、背儿歌。三星目标是会认读生字。二星、三星目标不要求所有孩子必须达到。

认读《学拼音儿歌77首》识字材料中的生字、生词，对不同的孩子来说，难度相差很大，因为孩子在学前的拼音、识字基础不一样。家长对孩子提出他稍加努力就能达到的目标即可，不要拔苗助长，不要跟其他孩子攀比，孩子喜欢学校，喜欢语文课远比他学到多少东西更重要。

我给家长的飞信中建议他们给孩子制订不同的目标：识字多的孩子学《学拼音儿歌77首》太简单，不愿在家再听录音，就给家长读故事、讲故事，把在学校听过的故事讲出来就等于是口头作文。

认字多、会拼读的孩子回家后如果不愿意听录音而愿意讲故事的，家长如果需要老师帮他们鼓励孩子，就写纸条告知，并写明孩子讲了几个怎样的故事，建议老师给孩子盖几个印章等。盖几个印章家长自己斟酌，如果盖得多，以后孩子的胃口太大，会对印章不珍惜，所以家长建议盖多少个要考虑周全。虽然印章和奖品不值钱，但孩子付出的努力是无价的，家长可不能让老师的奖励失去作用。同理，老师发给孩子的奖品，家长不要给孩子买，让孩子只能到老师这里挣。反之，孩子在家读书付出很多努力，家长建议盖的印章太少，孩子会失去读书的动力。总之，家长、老师应当共同努力，让基础不同的孩子都有努力的目标、前进的方向。

5 学习拼音小窍门

一、适当加快单韵母与声母的教学速度

读准四个声调，尤其是二声、三声，这是单韵母教学的重点。不要试图在教单韵母时就让全班大多数孩子都读准，随着后面练习拼读音节的过程加长，孩子慢慢地就会读准单韵母的四个声调。音节的拼读不是一蹴而就的，很多老师用一个半月的时间教课本上四十几页的拼音，从某种程度上讲，这是对时间的浪费。拼音教学结束后的阅读、识字过程才是熟悉音节的过程，孩子可以在运用的过程中不断复习。

二、从整体到部分，定位认读字母

教室墙上悬挂的声母、韵母、整体认读音节表，可以从书店里买，也可以自己制作。老师经常让学生按顺序从头念到尾，这是"整体输入"，这个"整体"要在孩子的脑中扎根。当孩子读错或忘记某个字母时，老师直接告诉他不会让他留下深刻印象，应该让他按顺序从头念，自己找出这个字母，这叫"定位认读"。"定位认读"不仅能使孩子印象深刻，而且能使孩子掌握自学方法。

我印了一套大字母卡，在字母卡的两面贴上透明胶，剪成一组一组的，再贴上双面胶，让孩子在黑板上按字母表的顺序排列一组组字母卡，

孩子排列字母卡的时候，全班处于"散乱"的状态，排好后怎么让他们集中精力读呢？我一会儿弯着腰扮老太太慢慢指，他们慢慢念；一会儿直起腰扮小姑娘快快指，他们快快念。孩子都念得很开心！

右图是一组一组打乱顺序的卡片。为什么我会把卡片打乱顺序呢？因为我的教学一以贯之的理念是从"整体到部分"。入学第一天我通过形象生动的彩图把47个字母"整体输入"到孩子脑中，他们看到这些打乱顺序的卡片，如果忘记怎么读了，就可以回忆那张按顺序排列的字母表，或直接拿出《学拼音儿歌77首》中的小的绿卡片查找。我把大字母卡剪成一组一组的，是为了降低难度；然后等孩子读熟了再一张一张剪开。但在课堂上，这个环节只演示一次，读字母对孩子来说太枯燥，不张嘴、不抬头的孩子大有人在，还是在家里当游戏玩最有效。

一组一组打乱顺序的卡片

下面是给家长的飞信：

《学拼音儿歌77首》一书中夹有一张黄色的声母表，一张绿色的韵母表。您检查孩子会按顺序念、倒着念、竖着念了，就沿虚线剪开做成卡片（小的绿卡片不要剪）。先剪成一组一组的，然后一组一组地打乱顺序让孩子念，最后让孩子按字母表的顺序排列。

待孩子熟悉后再把卡片剪成一张一张的，并打乱顺序。为了避免正正反反字母，可以把每张字母卡上面

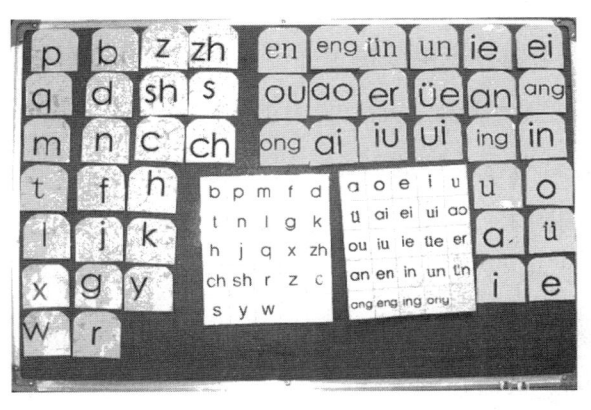

小黑板上贴着剪成一张一张的字母卡片

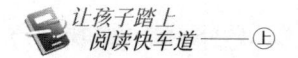

的两个角剪成圆弧形。家长可以用这些卡片和孩子在家玩两个游戏：1. 按字母表顺序排列，家长看着表计时，记录孩子排列所花的时间，家长也可以跟孩子比赛谁排得快。这个游戏是为了让孩子熟悉字母的形状。2. 摆"韵母篇"中的23个花蕊、花瓣合拼图。家长念音节，孩子找字母，孩子找到字母时也要念音节。这个游戏既可以让孩子熟悉字母的形状，也可以练习拼读音节。第二个游戏可以等学到第41页时再做。

这块小黑板上贴的卡片体现的就是"整体到部分"的自学方法。我把形状相近的字母贴在一起，孩子遇到记不扎实的字母可以看看那张没剪开的小的绿卡片，按顺序读一下就能找到答案。老师、家长要教给孩子这一自学的方法。

三、让故事伴随孩子们成长

为了让孩子学好拼音，我还经常编故事。孩子老把整体认读音节"yu"念成"wu"，于是我给他们讲《助人为乐的"y"》的故事：一个星期天，"i、u、ü"一起在草地上玩，"i、u"的妈妈"y、w"来到草地上说："去公园玩吧！"于是妈妈拉着孩子的手变成整体认读音节"yi、wu"向公园走去，"ü"看到没有人理睬它就哭起来，"y"对"ü"说："你跟我走吧，但是先把眼泪擦掉。"于是"y"和"ü"变成"yu"去公园了。讲完故事再教唱儿歌："i、u、ü单独走，大y大w来带路，小ü眼泪擦干净，大家齐步向前进。"

当讲解韵母变成整体认读音节时，老师手持一面写有韵母另一面写有相应整体认读音节的卡片给孩子变魔术玩。比如，学习整体认读音节"ye"，先出示写着韵母"ie"的一面，让孩子念"韵母ie，韵母ie，韵母ie"，老师转一圈后说"见证奇迹的时刻到了"，出示卡片另一面的"ye"，让孩子一起念"音节ye，音节ye，音节ye"。同样手持"üe"念"韵母üe，韵母üe，韵母üe"，转两圈再念"音节yue，音节yue，音节yue"。ün变yun，in变yin，ing变ying都是转两圈。最后让孩子比较"ie"变"ye"转一圈，是因为小"i"变成大"y"，其他转两圈是因为前面多加了大"y"。

四、妙用情境歌、情境图来分辨字母

有些字母形状相似，容易混淆，可让孩子通过回忆情境歌、画情境图来分辨字母。

如，分辨"b、p、d、q"，可回忆"得了大奖ddd，水上冲浪bbb，山坡山坡ppp，一只气筒qqq"，鼓励孩子在家照着课本画这四幅画。再如"z与zh""c与ch""s与sh"很容易混淆，当孩子发生混乱时，可以背诵"写个2字zzz，编织毛衣zh zh zh；刺猬刺猬ccc，吃饭吃饭ch ch ch；吐丝吐丝sss，狮子老师sh sh sh"，鼓励孩子把容易混淆的字母情境图对比着画一画。可以照《学拼音儿歌77首》画，可以照课文画，也可以自己创作。小孩子对画画有着强烈的兴趣，既顺应了孩子的天性，也巩固了字母的认读与书写。

情境歌的作用无处不在。如，拼读最容易出错的音节是"jqx"与"ü"的音节，因为省掉了"ü"上的两点，孩子容易读成"u"，这时让孩子回忆下面的儿歌：

小鱼真顽皮，
见了j q x，
泡泡藏嘴里；
离开j q x，
泡泡又吹起。

每当孩子拼错时，不要直接告诉他们正确的拼法，而是让他们背诵儿歌，他们马上就能想到正确的拼法。比如，当孩子不明白声调标在哪里的时候，一起背诵下面的儿歌：

有a不放过，
没a找o e；
i u并列标在后，
单个韵母不用说。

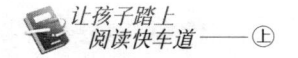

五、书写字母要强化整体

一般的书写要求是把这节课学过的字母各写一行,这是常规做法。除此之外,我还要求孩子每次写字母都捎带把前面学过的字母写一遍,"捎带写一遍"有两个目的:一是以旧带新,创造多次复习的机会;二是在短暂的拼音学习阶段保证每一个孩子都会按顺序写、念声母和韵母,在孩子脑中牢固地扎下"字母表"这个整体,便于以后拼读遇到不熟悉的字母时能到字母表中"定位认读"。

声母全部学完后的第一节课写一遍声母表的声母,共23个。第二节课写两遍,第二遍要另起一行写,不要和第一遍的混在一起。第三节课可以让学生写三遍,每一遍都要另起一行写。然后连续几节课的最后一个环节都让孩子写三遍。此时,教师要"大动干戈"使孩子明白"一遍"这个概念。不要责怪孩子对如此简单的要求总是听不明白,老师最好在课前写好一份作业,通过实物投影显示在屏幕上,或者在黑板上用彩色粉笔画好与作业本上一样的格子,在格子里写一份。我喜欢做"一劳永逸"的事,干脆在又厚又大的纸上用粗笔写声母、韵母、整体认读音节,让孩子写声母的时候把它往黑板上一黏就行,期末考试总复习时再贴到黑板上让孩子念、写、辨别。如果还有不开窍的孩子,干脆给他一份正确的作业范本,让他照着抄,或者找个"明白"的孩子盯着他写。按这样的要求书写,老师看作业时一目了然,孩子也在一遍又一遍的书写过程中熟悉声母表,起到复习字母的作用。韵母、整体认读音节的书写也是如此。

拼音全部学完后,声母、韵母、整体认读音节要反复书写。每次作业都把这三个表的字母写一遍,要求每写完一个表中的字母都要另起一行,不要混在一起写。

六、分辨复韵母可以看嘴形猜是哪个复韵母

复韵母是教学的难点,尤其是"ui"与"iu","ei"与"ie"很难分辨。老师不出声音,只摆嘴形,让孩子看嘴形的变化,猜测是哪个复韵母。可以看老师的嘴形猜,看同学的嘴形猜,回家摆嘴形让家长猜,等等。

6

2000年、2007年教一年级的经历

2000年、2007年，这两次教一年级时，我教学拼音的方法不成熟，教学材料也很少，以课本为主，教得都很累，但因为不甘心就这样劳累、急躁，还是找到了一点儿好办法，为后来找到一条轻松高效之路打下了基础。但这两届的教学方法对经济条件有限、不方便买书的学校依然适用。

一、让人畏惧的黑色九月

教一年级的教师视开学第一个月为黑色九月。我参加工作的第二年，第一次教一年级，一节课教"马、牛、羊"三个字，学了一节课还有学生不会认读，我趴在讲桌上大哭了一场，从此视教一年级为畏途。2000年第二次教一年级，虽然几年后这一届学生的表现在语文教育界"搅动一池春水"（江苏省教科所陈培瑞书记评价）、"放了一颗原子弹"（《山东教育》杂志社陶继新总编辑评价），但教一年级的过程充满艰辛与烦恼。一年级的学生说话奶声奶气，小脸蛋圆润稚气，领着一两个玩，的确很可爱，但50多个学生聚在一间教室里，他们的嘴巴没有"关住"的时候。即便是上课，只要老师一转身，只要老师的嘴巴一闭上，他们就说个不停，叽叽喳喳如麻雀，窸窸窣窣如老鼠，吵得人头都大了。有的学生念两遍就觉得自己会了，老师没时间检查，他就坐不住了。印象最深的就是2000年教的学生刘小林，他似乎喜欢排队等老师检查，长长的队伍你推我搡、你吵我

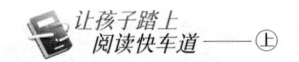

闹，好不容易轮到他，他张开嘴巴什么也不会，让他回到座位再念，他气呼呼地回去念了一会儿，又来排队，轮到他依然不会。面对一个又一个这样的小孩，我不禁火气冲天。就这样磕磕绊绊地到了三年级，潍坊市教研员一听课，惊呼"全班都是小天才，个个是小神童"。只有我自己才知道造就这些"神童"的路上充满坎坷，布满荆棘。

因为我们学校附近拆迁，大量的当地居民迁走，2006年教一年级时，学生以外地打工子弟为主，这些孩子从小没人照看，在入学前跑惯了，腿脚特别勤快，入学近一个月还在上课时间离开座位到处跑。在这些一年级学生面前，我这个"名师"的形象实在太差，天天声嘶力竭、筋疲力尽。放学了，我的嘴巴终于可以歇歇了，在教室里看着课桌上贴的姓名卡片，思考着哪个位置上课打成一团了，就想办法把"战争分子"隔离开。上了七年级的学生找我说："韩老师，星期六我们来找你玩。"他们知道我星期六送女儿学琴，等待女儿下课时就在办公室里备课。一听原来的学生要来，我惊呼："千万不要，我现在恨不得所有的人都变成哑巴。"我几乎每天都因为说话太多而感到腮部肌肉紧张，引发偏头疼。上课、下课耳边都"蛙声"一片，看到那一张张不断翕动的嘴巴，真想成为武林高手，手一指就给他们点了穴，让他们一个姿势在那里不说不动，我好趁机喘口气。

2007年秋天，我来到高新区新建的北海学校再次教一年级。想想又要面对黑色九月，我的头就晕了。先买几包润喉药备用吧！

二、淡如清水的九月

到北海学校之前，潍坊的"名师推介"活动已进行了四年，我的"课内海量阅读"实验在潍坊已声名远扬。吴校长说开学后天天来听我的课，张局长说名师的课程表要向全区教师、家长公开，大家可随时进课堂听课。我不禁摇头苦笑，大家都想一睹名师风采，我做好了让大家失望的心理准备。因为在此之前，在学生毫无"内存"的情况下，我还没有上过一节公开课。我虽然很笨，但以前上过的公开课从未失手过，不是我个人水平高，而是所有的公开课都是在学生有一定"内存"的情况下上的。2000年入学的那一届学生最早上公开课是在他们上三年级时——一节课学习一个单元，再后来的公开课是学习古代经典。听课老师被学生出色的口才、丰富的知识所吸引，他们没有注意到我上课的水平如何。我那淡如清水、波澜不兴的缺点被大家忽视了，"讷于言"的普通老师靠学生的"内存"竟然混成了一方"名师"。

从2003年起，潍坊市教育局把不善言辞的我作为"名师"推介，"名师"成为同事对我的戏称。2007年秋天到北海学校后，不管我是否情愿当"名师"，教育局、学校都给我设了"名师办公室"，校报、宣传栏都大张旗鼓地宣传"名师"，谁管你的学生有没有"内存"，我被赶鸭子上架。

虽说做好了让大家失望的心理准备，但作为北海学校最年长的一线老师，面对见面像学生一样问我"老师好"的年轻面孔，我若真让他们失望也太丢人了。

学生报到时我将他们按座位分成四个组，然后根据表现加分，下午放学时给得分最高的小组的每个成员发了一张卡片。第一天上课时，学校的几位校长、教研室主任、一年级的语文老师便来听课，边教"a、o、e"边给表现好的小组加分，或许是为了得到那张卡片，刚入学的孩子竟然安安静静地坐了一节课。一直教高中的几位领导评价："清淡如水。"我猜想，或许他们内心有些许失望——"名师"的课与期望值相差太远，与"鼎鼎大名"太不相符。但几位年轻的同事迫不及待地问："韩老师，你奖给学生什么？"这些刚走出大学校门的年轻同事们领教了一年级学生的吵闹，正面临着无计可施的烦恼，他们没有心情关注老师的教学技巧，没有去想老师专业素养的高低，更不会去思考"情感、态度、价值观"等课标理念的实施……他们关注的只是在不用"专制"手段的前提下如何能顺利地上完一节课。于是我的第一招"哄"和"奖"被我的年轻同事们发扬光大。曾看到同行对"小红花"大加批判，但在我看来，在孩子们对学习语文还没有兴趣之前，只能"哄"着"引"着一年级学生平平静静地走过9月，使老

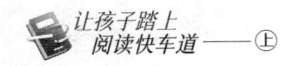

师走出"声嘶力竭"的困境,摆脱一个星期就哑嗓子的烦恼,如此,"清淡如水"便是精彩课堂。

◎ 通过"定位认读"自学生字 ◎

能不能让一年级新生入学后就有事情做,第一天就读书?这似乎是天方夜谭。暑假期间我翻来覆去思考着这个令人头痛的问题,但一个多月过去了,始终没能拨云见日。一天,到书店买了几本儿歌书,看到《小白兔》《静夜思》等每个孩子都耳熟能详的儿歌、诗词,我突然想到,给一年级新生编一本几页纸的儿歌书,书里选择他们都会念的儿歌,儿歌后面是打乱顺序的字词。给他们点儿事情干,省得孩子们多余的精力无处打发。

两只老虎

两只老虎两只老虎,
跑得快,跑得快。
一只没有耳朵,
一只没有尾巴,
真奇怪,真奇怪!

奇怪　耳朵　老虎　跑得快　尾巴　没有
两只　真　朵　虎　怪　两　尾　奇

一年级新生在幼儿园时,甚至在牙牙学语时就会念这些儿歌,这就是他们"自学"的基础,他们不会读打乱顺序出现的字词时就到儿歌原文中找出来,按顺序一念就知道读音了,这便是我惯用的"定位认读法"。"简单的招式练到极致就是绝招",原来书香四溢的第一堂课可以这样上,我感到"柳暗花明又一村"。

新建的北海学校的开学第一天是仓促的。9月1日早上7点,这所新建学校的年轻班主任们才拿到学生名单。我这个一年级(七)班的副班主任和初为人师的班主任陈莎莎要把近60个叽叽喳喳的小孩子"哄"一天。

这是我教学生涯中第四次教一年级,心理上比前三次都轻松,因为前三次我都是正班主任。

发书、参观学校、排座位、站队……其他时间呢?我上成语文课了。教育的每一秒钟,对儿童的发展都是不可缺少的。我们都是时光的穷人,既不具备使时光增加的超能力,也不具备使时光倒流的回天之力,所以要把教育的每一秒钟都播种到精耕细作的"教育良田"中。

好不容易把家长"请"出教室后,我说:"孩子们,我们唱首歌吧!"

我发给每名学生一本自己编写的小册子,它分为三部分,第一部分是学生最熟悉的儿歌。如:

上学校

　　太阳当空照,花儿对我笑。

　　小鸟说:早!早!早!

　　你为什么背上小书包?

　　我要上学校,天天不迟到。

　　爱学习,爱劳动,

　　长大要为人民立功劳。

词语表	功劳　劳动　太阳　小鸟　为什么
	长大　学校　学习　迟到　书包

生字表	大　鸟　劳　学　包　动　迟
	小　长　到　书　为　校　劳

唱一唱、念一念,几遍之后我告诉孩子们:"老师要考一考大家,看谁认识儿歌中的字词。知道答案的不要出声,用你的手指头指着儿歌中的这个字词,念这句儿歌。"

我出示卡片"功劳",有的孩子张嘴要说,我伸出食指放嘴边"嘘"

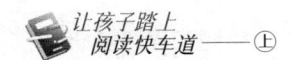

的一声示意，他们的手赶紧在儿歌中寻找，找到的用手指着"功劳"，仰起头骄傲地看着我。我转着圈看，耳朵靠近孩子们的嘴，听他们轻轻地念。找不到的、不会念的孩子把目光集中到同桌的手指上，然后若有所思地自言自语："长大要为人民立功劳，原来是'功劳'啊！"然后我让大家一起念，右手持卡片从胸前向前一推，像乐队指挥一样挥动着手臂，指挥着孩子们的"大合唱"，孩子们高高兴兴地念着。

"下一个词看谁找得快，注意用你的手，而不是嘴！"孩子们目光炯炯地看着我，期待着下一个词出现……

"和你的同桌一起找一找、认一认儿歌下面的词语表、生字表。"

…………

就这样，孩子们入学第一天就学会了"自学"生字的办法。下午到校后便有十几个孩子找我认字，我给他们盖上鲜红的奖杯印章并奖励一张小卡片。部分孩子的积极性被调动起来了，第一周便有30多个孩子认会了7首儿歌中的100多个生字。

小册子的第二部分有《小书包》《国旗》《坐得正》《写字姿势》《爱护眼睛》等儿歌，结合学生的生活，一边进行入学教育，一边读儿歌，认生字。

小册子的第三部分是汉语拼音情境歌，结合学习汉语拼音教学生读熟儿歌，认读儿歌下面的词语的任务则由学生自己完成。如：

a o e

大公鸡，o o 啼，阿姨带我到村西。

小白鹅，e e 叫，连声问我"早上好"。

四　声

一声高高平又平，二声就像上山坡，

三声下坡又上坡，四声就像下山坡。

i u ü

小蚂蚁，要过河，

乌龟伯伯把它驮，

鱼儿见了笑呵呵。

词语表	啼叫	伯伯	蚂蚁	山坡	过河	公鸡	四声	阿姨
	带到	村西	乌龟	驮	金鱼	笑呵呵	带动	白鹅

上课前，许多孩子围着我让我检查他们的认字情况。我左右手同时工作，左手指着一个字，左边的学生在儿歌中搜索；右手指着一个字，右边的学生开始搜索——这时，左边的学生已找出了生字。有时我一同检查三个甚至四个学生。他们没读熟就找我检查，我也不急躁。因为学前没有认字经验的学生认字困难是正常现象，他们能独立识字，就是最迷人的景象！还有比学生会"自学"更令老师欣喜的事情吗？

◎ 抛弃"废话"，让课堂静下来 ◎

下午最后一节课，学生在写作业、自由读书，我坐在讲台上看书。冯老师走进来，举着一摞作业本面对全班学生说："谁会发作业本？"于是会的、不会的都抬起头，抢着要发，全班乱成一锅粥。课后，我对冯老师说："你就是个麻烦的制造者，你为什么不直接找几个聪明伶俐的学生悄悄地发作业本，而要'惊动'全班学生呢？很多时候，老师不恰当的行为会破坏课堂的纪律。"

在第一节课上，我绝不给孩子们讲学习的意义、知识的重要性。对刚刚入学的孩子来说，进行连篇的说教为时尚早。在之后的课上，我也很少进行所谓的思想教育。知识的重要性，是明白无疑的事情，没有必要郑重其事地告诉一年级的学生必须好好学习，因为他们本来就是喜欢学习的人。孩子天性好奇心强，而知识，就是为好奇心强的人准备的。缺少好奇心的人学习知识，缺乏求知的内驱力，无法长久坚持。因为好奇，天下的东西

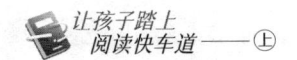

在孩子心中凸现美与神奇。无论孩子的家庭经济水平如何、父母受教育水平如何，引领他们学习知识都是最需要做的事情。但如果我们责令他们像木偶一样一直坐直了听老师喋喋不休，孩子很快就会厌倦学校生活。

我也不给孩子多讲在学校里、在班上的行为规范。那些规范在某种程度上会束缚孩子的手脚，同时也会吓到一部分孩子，也许从明天起他们就不愿意来上学了。集体生活必须有规范，但要由孩子们自己在课内外活动中慢慢习得。

我的入学教育也是通过学儿歌进行的。

升旗前我们唱《国旗》：

国　旗

国旗国旗真美丽，五颗星星亮晶晶。

十月一日国庆节，我向国旗敬个礼。

上课前背诵《坐得正》：

坐得正

坐得正，像口钟。

站得直，像棵松。

走路时，挺起胸。

写字前背诵《爱护眼睛》：

爱护眼睛

小眼睛，亮晶晶，

样样东西看得清。

好孩子，讲卫生，

不用脏手揉眼睛。

在第一节课结束的时候，我说："开学第一节课这几位小朋友坐得最直，我们来认识一下他们，请他们介绍一下自己！"

◎ **静悄悄地成长** ◎

在之后学习汉语拼音的日子里，我没有要求孩子们守纪律，但会通过多种方式让孩子认识到保持安静的重要性。

　　学生没安静下来，老师不要教学生认读，先通过各种方式组织教学，等学生安静下来之后再教认读，这是实施"面向全体"教学原则的具体体现。

　　小孩子刚结束无忧无虑、活泼好动的学龄前生活进入一年级，一节课40分钟坐在座位上对他们来讲的确如"苦役"一般，但他们坐不住、精力不集中是正常现象。无论你用什么方式组织教学，有的孩子就是不抬头、不张嘴。即便是这样，只要在老师领读时教室里是安静的，我们的教学对学困生也是有一定效果的。很多一年级的家长、老师都遇到过类似的情景：个别辅导时，让一个学生拼读"diāo"，小孩子半天没有拼出来，老师用嘴咬住一页纸，示意"叼"的意思，小朋友意会为"咬"，便念"diāo——咬"。同样，老师把教杆放肩上示意"挑"，学生意会为"扛"，便拼成"tiāo——扛"。唉！只有哭笑不得的份儿了。面对一年级的孩子，"启发式"教学在很多时候是毫无作用的。从这个意义上讲，只要老师领读时课堂是安静的，即使孩子不看黑板，只是张着嘴巴"鹦鹉学舌"，老师的教学也已对他的耳朵、嘴巴起作用了；再退一步讲，孩子不抬头、不张嘴，老师的声音清晰地进入他的耳中，我们的教学也已作用于学生的耳朵。所以教室里不安静时，老师不要教学。入学初期，老师很难让精力严重不集中的孩子达到我们的要求。一方面，老师、家长可以对他们加强个别辅导，只要孩子的心智正常，个别辅导时他们还是能集中精力的；另一方面，老师通过各种方式组织教学，只要学生有一点儿进步，就及时表扬他们，慢慢吸引他们的注意力，从一分钟、两分钟开始，他们会渐渐把精力用到学习上的。当然，这个过程很漫长。

　　"先学后教"原则是进行每一门学科教学的不二法门，适用于任何一个年龄阶段。但实施起来容易引发混乱，将好不容易创设出来的"安静"氛围毁于一旦。

　　如复习儿歌，先让学生自己看图回忆，七嘴八舌之后，老师再让全体学生一起读，或者分组读，或者找一个学生领背一遍之后再集体背诵。读黑板上、卡片上的音节也是如此。需要注意的是，先让学生自己念，他们

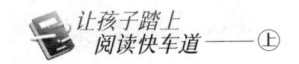

往往扯着嗓子喊个不停，会显得特别乱。因此在入学初学拼音时，就要给他们定下规矩：老师手指黑板时学生念，老师手放下时学生停止出声；老师手持卡片时学生念，老师把卡片从胸前放低或藏到身后时学生停止出声；老师伸出一个手指头，示意学生只念一遍；老师两只手做暂停的手势，学生要立即安静下来……老师通过多种方式组织教学，使学生令行禁止。

在拼音教学阶段，教学环节安排不当容易引发混乱，所以上一年级的课一定要掌握好时间，合理安排教学环节。布置写字母的时间要在下课前10分钟，一旦让学生动笔，这时老师再讲或让学生再读，他们的心里就有了件事，不写完是不会抬头的，而等全班学生都写完，需要很长时间，课堂纪律就没法控制了。也不要频繁地更换教学内容，如看书、看黑板、看屏幕的时间不要太短，学生从一个环节转到另一个环节，老师需要花一定的时间组织教学。

老师说话太多、声音太大不利于创设安静的氛围。老师吵，学生闹，一开学老师就亮开嗓门，以后再要求学生安静就困难多了。当学生静下来，眼睛看着黑板或卡片上的字母、音节、儿歌时，老师领读一遍，学生齐读三遍，形成习惯，老师省了力气，学生也得到了更多练习的机会。

◎ **五花八门的教学组织方式** ◎

◇ **小组之间进行评比**

刚入学宜按座位分为四个大组，不宜分四人一组的合作小组。一方面，这个阶段的小孩子不懂合作互助，老师即使提倡也不起作用；另一方面，按座位分组一目了然，老师可迅速给学生加分、减分，操作方便。上课开始，可比赛哪个小组坐得最快最直；上课过程中，可比赛哪个小组听讲最专心；写字母时，可比赛哪个小组拿笔写字的速度最快，书写姿势最正确；念书时，可比赛哪个小组最早找到要念的内容。上述比赛都是给优胜小组加分，孩子有点儿不守纪律的表现属正常现象，尽量不要减分。初入学的孩子，对学校生活充满了向往，老师应尽全力保护孩子浓厚的学习兴趣和对学校生活的热情。教学过程中如果有学生明知故犯不守纪律，适当减分，会起到震慑全班的作用。

入学第一天上课，给小组评分发奖要当天兑现，让孩子明白得分是有用的。以后慢慢地变为每天只积累分数，一周发一次奖，让他们心里有个盼头，有努力表现的动力。奖励不要太频繁，使学生对知识的渴求成为学习的动力才是目的。

◇ **鼓励学生表现自己的聪明可爱**

给孩子讲解"耳聪目明"的意思时，告诉孩子老师说话的声音不会太高，老师不想让教室里太吵，聪明的孩子能很快听到老师的声音。能跟随老师的指示看黑板、看卡片、看书、看屏幕的学生是聪明的孩子。借机夸夸谁的声音好听，谁的眼睛明亮，那是教室里最亮的一道风景之类的。一节课的后20分钟，学生的精力已很难集中，这时老师走下讲台给学生讲讲"滥竽充数"的故事，告诉学生老师要听听谁是滥竽充数的孩子，学生的精神为之一振，声音也高了。当然，应当以表扬为主，夸夸说哪个小组读得最好，没有一个滥竽充数的学生，等等。

全班教一个学生。有的孩子在集体学习时不抬头、不张嘴，老师指名让他念他一般不会，如果一遍一遍地教他，其他学生就乱了。对于这种个别孩子，在课堂上教与不教似乎都不符合"面向全体"的原则。解决的妙招是：全班同学教他三次，于是教师领读一遍，全班齐读三次；再让他读，如果不会，让全班学生再教他三次。这种情况下，那个头不抬、嘴不张的孩子也会跟着念的。

"眼到、手到、口到"，做"武林高手"。学生对武林英雄有一种天生的崇拜心理。简单描述一下"武林高手"千里眼、顺风耳、快捷手的雄姿。号召学生读书时眼睛看着、手指着、嘴念着，以达到使学生集中注意力的目的。不要害怕学生形成指读的习惯，当他们的阅读速度提高到一定程度时，指读的现象会自然消失。

"静能生定，定能生慧"。孩子初入学时要利用一切机会一切方式，强化一个概念：安静。

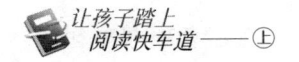

◇ 故事不断的课堂

想让孩子安静下来，想让孩子喜欢学校、喜欢语文课，最好的做法就是讲故事。

再来听听妈妈的心跳

周末我读《朗读手册》中的《我现在才开始给孩子读书会不会太晚》一文：

要开始读书给一个13岁的孩子听，老师实行起来要比家长容易多了，因为无论家长的意图有多么友好，要在家中读书给孩子听总是很难。在这个社交能力和情绪发展才刚起步的年龄，孩子希望在家人以外能形成一个小团体，以证明自己的存在，他们待在父母身边的时间有限，所以父母并没有太多机会可以读书给他们听。

读书给学生听对一个小学语文教师来说永远不会晚。即便学生已到13岁面临小学毕业，教师还有再教低、中年级学生的机会。那时我的女儿已经11岁，作为母亲的我已错过了不少大好时光。感慨之余想到自己一直期盼女儿诵读古典诗文，使出浑身解数却收效甚微。看到女儿在书桌前做手工，我便在客厅高声诵读《道德经》，想借机熏陶熏陶她，结果如愿以偿。女儿从书桌前来到客厅，坐在我腿上，要求我给她念《道德经》，专拣短的念，念一念、背一背，她一口气背了五篇。

第二天，我一时兴起，在课堂上给学生背《道德经》，背完后问："听得懂吗？"

"听不懂。"一年级的小孩子老老实实地回答。

"愿意听吗？"

"愿意！"

"既然听不懂为什么还爱听？"

57个小脑袋一起摇晃。

"老师来告诉大家：小朋友们还没有出生时，你们在妈妈肚子里天天听到妈妈的心脏有节奏的跳动声，妈妈的肚子是世界上最温暖、最安全的地方，我们终生留恋，有时这种留恋之情连我们自己都没有察觉到。当我们听到节奏鲜明、合辙押韵的诗文时就如同听到妈妈的心跳声一样。还想听听妈妈的心跳声吗？"

"想！"孩子们一脸的陶醉与向往。

快乐的两巴掌

上课学了大约 20 分钟拼音，又到了讲故事的时间。"同学们，今天早上我们家发生了一件奇怪的事情，我打了我女儿两巴掌，她挨了打后竟然高兴得哈哈大笑，这是什么原因？"

满教室的小脑袋摇晃起来。"先听我念一首儿童诗吧！"

我最不愿意洗碗，
妈妈说我手懒；
我顶害怕珠算，
爸爸说我心懒。

可是他们不明白，
懒，是一切发明之源。
为了当名发明家，
这才有意这般懒！

懒得挑水的人，
发明了自来水管；
懒得点蜡烛的人，
发明了电灯电线。

懒得上楼梯的人，
把电梯装进高楼；
懒得扇扇子的人，
叫电扇不停地旋转。

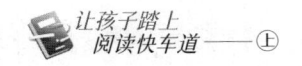

肯定是最怕洗衣服的人，
才使得洗衣机来到世间；
最懒得迈步的人，
发明了汽车、火车和轮船……

我拿懒的种种好处，
向亲爱的爸爸申辩。
他却用勤快的巴掌，
对我的屁股进行磨炼！

教室里笑声一片，有几个小学生大叫："老师您给您女儿念这首诗时打了她两巴掌，她却是因为这首诗好玩才笑的。"

一年级学生的有意注意时间很短，一节课的前15分钟能集中精力已经很不错了，一直仰着头听、念是很累的。听我读故事、读儿歌就成了快乐的课内休息形式。在这里，要感谢人民教育出版社的张立霞老师在遥远的北京帮我从网上邮购童书，大老远提到潍坊。开学初，教室内的多媒体设备还没法儿用，买来的绘本没法儿讲，是张老师购买的童书《一年级的豌豆》《一年级的小蜜瓜》《名家儿歌》伴着初入学的孩子们成长，为他们最初的学校生活增添了几分亮丽的色彩。

"喜欢上学吗？"

"喜欢！"

"喜欢语文课吗？"

"喜欢！"

"喜欢韩老师吗？"

"喜欢！"

那些有趣的故事、朗朗上口的儿歌才是孩子们"喜欢我"的真正原因，爱屋及乌啊——我窃喜，喜欢听故事的孩子也顺便喜欢上我了。

第三章

一年级通过海量诵读儿歌认识 2000 字

学前基础差别大的学生如何在课堂内同一速度海量阅读？学生如何都开开心心地在阅读儿歌中体会成功的快乐？

1 引 言

儿歌句式整齐，便于齐读。一年级学生不具备自学能力，课堂上集体活动安排得多，所以诵读内容丰富的儿歌能达到轻松识字的目的。诵读几百甚至上千首儿歌，全班学生就能或模糊或扎实地认识2000个常用字，就能自由阅读小故事。我引以为傲的是，我2007级的学生个个热爱阅读。有些"慢孩子"没有办法学好数学，但《水浒传》《三国演义》等大部头著作却读得兴致盎然，滚瓜烂熟。上中学后，他们的家长告诉我，孩子的语文只靠课堂，课外也不学，照旧考100多分（满分120分）。这是因为一年级时，孩子们就进入了自由阅读状态，在白纸黑字间找到了幸福。

人吃饭讲究细嚼慢咽，因为细嚼慢咽有益于消化，有益于健康，但是让鲸鱼和牛细嚼慢咽，只能使它们饿死。成年人读书讲究熟读精思，一年级小孩子初学认字，读书应当"鲸吞牛食"，消化一点儿再学一点儿会严重阻碍小孩子的学习进程。现列举几个有关教育学方面的观点予以佐证。

蒙台梭利认为成长的发展期、敏感期机不可失。内在敏感性使儿童对某些东西产生敏感，对其他东西却漠不关心——就像一道来源神秘的光线，照在一些东西上，其他东西却处于黑暗之中。在这一特殊时期，这些被照

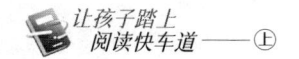

亮的东西，就构成了他的整个世界，他从中汲取，形成特定的能力、品性和素质。我相信蒙氏所言，因为我亲眼看到一年级学生的背诵速度越来越快，绝对让我们成年人望尘莫及。因此，在让孩子挥洒天性的同时，切勿错过让孩子养成"日有所诵"习惯的最佳时机。

苏霍姆林斯基的《给教师的一百条建议》被我们的老师奉为经典。在七、八年级，苏霍姆林斯基看到一些学生基本没有解题能力，在那里痛苦无望地捱过一课又一课、一天又一天。经过观察，他发现，这些高年级学生真正缺乏的，不是学习数学、物理、生物的具体本领，而是阅读理解能力。于是，苏霍姆林斯基把这些七、八年级的学生当成是一、二年级的小孩子，从头开始培养他们的阅读能力。结果让苏霍姆林斯基震惊万分：花费同样的时间，付出同样的努力——大孩子阅读水平的提高远远不如小孩子；大孩子的阅读热情及感悟能力也远不如小孩子。好像他们大脑里主管阅读理解的那一部分功能已经萎缩。教师的劳动好比播撒种子，小孩子是一片疏松的热土，大孩子却是一片板结的硬地。于是苏霍姆林斯基感叹：原来，阅读能力的获得与提高，与人脑的生长发育过程密切相关。同一个符号世界，在小孩子眼中是明亮的、美丽的、新鲜的，在大孩子眼中却是遥远的、模糊的……曾经照临文字的神奇之光，没有人帮他们好好把握——他们没能沿着光所指引的方向前行。人误地一季，地误人一年。很多事情，错过了就永远错过了。

联合国教科文组织的研究表明，儿童阅读能力培养的关键期应在一、二年级，中年级之后就会相对困难。也就是说，我们应该使孩子在8岁左右进入自由阅读状态。但进入这一状态的充分条件是必须认识2500个左右的常用汉字。按照我们传统语文教学的要求，三至四年级的学生要认完2500个汉字，这就意味着他们的自由阅读期被延迟到了10岁左右。这样说来，一直以来"细嚼慢咽"式教法严重阻碍了学生阅读能力的提升。

"叽叽喳喳如麻雀，窸窸窣窣如老鼠。"一年级的孩子吵得老师头都晕了。"讲故事了！"此话一出，教室里立即鸦雀无声。这是屡试不爽的法宝，几乎所有的孩子都热爱"听故事"这种"间接"的阅读方式。但这种热爱之情如同在风中摇曳的火苗，由于识字量拖后腿，许多火苗无声无息地熄灭了，于是天生热爱"间接"阅读的孩子不喜欢自己"直接"阅读，因为认识的字太少，如同文化程度不高的成年人读文言文或读英文一样，体会不到阅读的乐趣。

金秋十月，一年级学生进入识字阶段。由于孩子们拼读不熟练、认识的汉字太少，尚未形成阅读技能，他们费了九牛二虎之力才弄懂的那点儿知识，其实是浅显易懂的。一个拼读很慢的学生用了整整一个下午的时间，读了20多遍才把《北风与小鱼》读顺。向他提个问题："鸟儿为什么躲进了窝？小鱼为什么不怕北风？"小朋友回答得很正确。如果再重复学习，全班没有一个人会坐得住。因为了解了内容之后，这篇课文就只有识字的价值，而没有认知的价值了，没有认知快乐的识字过程就会变成儿童的一种苦难。如果没有大人们的严加管束，他们再看上一眼这密密麻麻的生字，就会马上抛弃课本，欢呼雀跃地奔到院子里玩他们认为的有趣的游戏。

于是，识字成为语文教学的瓶颈。我在苦苦寻找一种方法，使识字阶段的课文内容与学生的认知兴趣相一致，尽快教会学生认识1000个常用汉字，让学生在较短时间内能够较流利地、有理解性地阅读，从而使学生轻松地进入自由阅读的广阔天地，把学生从枯燥乏味的识字过程中解脱出来。

课文读熟了，我就不再让学生反复复习。用一个学期把学生束缚在一本教材上，他们会讨厌教材，甚至讨厌其他的书。不经常变换阅读材料，是不能使学生顺利地掌握阅读技能的。人阅读是为了从各种渠道获得各种各样的信息或知识，而不是为了一遍又一遍地阅读同一篇文章。没有一个人爱吃剩饭，也没有一个学生乐于用半年的时间读一本课本。如果一年级学生因为乏味的识字过程形成"读书没有任何乐趣"的印象，他们也许永远不愿意读李白、杜甫、普希金等名家的经典作品了。于是我为孩子们选择了一本又一本读本，把那些幽默的、有趣的、引人入胜的、贴近孩子生活的、有益于增长知识的读本提供给他们，把那些简短的、图文并茂的儿

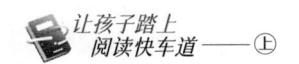

歌摆在他们面前，把识字的过程纳入更加广泛的、内容丰富的、情绪洋溢的、生动有趣的认知活动中去。这样，对于书中内容的强烈渴望会促使孩子们主动克服拼读、识字的困难。

一年级学生的识字量、阅读速度实在是差别太大，我总是在想方设法给那些聪明的学生一片任其飞翔的蓝天——让他们一本接一本地阅读。否则，不仅压抑了他们的潜能，还给班级"培养"了一批捣蛋分子。聪明的孩子往往顽皮，顽皮的原因是他们的能量太足，却没有合适的方式释放，所以顽皮捣蛋往往是他们充足的能量用错了地方的表现。女儿的音乐老师说"学琴的孩子不易学坏"。作为语文老师，我想说"爱读书的孩子不易学坏"。我无比地欣赏苏联心理学专家阿莫纳什维利对顽皮儿童的评价：

顽皮的儿童是一些头脑机智灵敏的儿童，他们善于在一些突发情况下施展自己的才能，让大人必须重新估计情势和对他们刮目相看……

顽皮的儿童是乐观愉快的儿童，他们善于帮助别的儿童成为活泼好动的人，帮助他们善于保护自己……

顽皮的儿童是具有强烈的自我发展、自我运动倾向的儿童，他们善于给自己弥补教师在发展他们个人才能方面的失算和不足……

顽皮的儿童是有幽默感的孩子，他们往往把极其严肃的事看成很可笑的事，在某种特殊的场合，甚至可以杂乱无章地玩到筋疲力尽的地步，并以此为乐；他们喜欢取笑别人，不仅自己情绪激昂、笑声不绝，而且把这种情绪和笑声感染给别人……

顽皮的儿童是乐于与人相处的人，他们能调动周围的儿童成为他们顽皮的参与者……

顽皮的儿童是积极的幻想家，他们总是竭力设法独立地去认识和改造现实生活中的某种事物……

顽皮是儿童的可贵品质，需要的仅仅是加以引导。

想到以前曾多少次声色俱厉地批评学生不守纪律，无数次伤心至极地痛斥学生："你是班长，你是学习委员，你是……你们怎么能带头不守纪律？"

而多少年后的今天，我不再要求孩子们"自觉遵守纪律"。为什么必须靠老师的训斥才能强化纪律观念？严格的禁令只能使孩子意识到顽皮是要受到处罚的，但守纪律不是他们内心的需求。想起陈鹤琴先生《家庭教育》中的那段话："平常小孩子在家里没有事情做的时候就要'吵闹'，做父母的不明白小孩子好动的心理，不想法子去利用他的时间以施得良好的教育，反而消极地禁止他'吵闹'。'吵闹'固然不好……但他之所以吵闹，是因为没有别的东西可以玩。做父母的不知道这一点，一味地禁止他们喧哗，到了后来，小孩子就会萎靡不振而没有活泼的气象了。"儿童是活泼好动的人，是积极的幻想家。我们应该为他们创造一种实现他们渴望的有组织的环境：没有手指指着的威吓，没有对调皮捣蛋后果的警告，也没有一味地说教。在我看来，这种环境就是为他们引进知识的源头活水——大量的书籍。

2

"韵语识字"
使教与学有的放矢

刚工作时我教一年级,记得有节课教"马、牛、羊",刚上课就乱了套。那些识字多的学生早已认识了这三个简单的字,他们理所当然地成为捣蛋分子;那些识字少的学生大多数本身就是顽皮孩子,他们更能闹。于是靠着大呼小叫,靠用教杆敲桌子,好不容易把"读课文、拼读音节、认读生字、口头组词"这一套程序进行下来,累得嗓子都冒烟了。一提问,竟然还有学生不认识这三个字。就在那一刹那,我不禁悲从中来,趴在讲桌上哭起来。

十多年后,看到辽宁东港实验小学的"韵语识字"教学,才知道什么叫"扎实",什么叫"有的放矢":每一个学生都能学会,没有一个漏网之鱼。于是我把这套教材、教法搬到了2000级学生的课堂上。

《韵语识字》的编排给一年级学生提供了一个"自学"的空间。每一篇由四部分组成:1.韵文。这些韵文短小精悍、合辙押韵、通俗有趣,贴近儿童的生活,易于诵读,便于联想和记忆。学生把韵文当作有趣的歌谣,很快就能倒背如流。韵文中的字绝大部分是生字,使繁多庞杂的汉字变得集中、精练,使识字变得容易、高效。2.生字。把韵文中的生字打乱顺序排列。3.词语。这些词语是用熟字和生字拼成的,目的是增加学生读生字的机会,不要求理解。4.段落。要求学生读熟,还要画出本课所学的生字。

下面是《韵语识字》的一个课例:

> **16. 猴子捡豆（二）**
>
> 仅顾低头快拾豆，上扔下掉全部漏。
>
> 最后一看连摇头，乐坏兔子笑死牛。
>
> 读一读：
>
> 1. 后 下 乐 顾 掉 漏 最 低 死 兔 上 坏 扔 摇 全 连 部 拾 仅
>
> 2. 扔掉 安全 快乐 最好
>
> 3. 小猴子只顾快点儿捡豆，最后一看全部漏掉了。小猴子连连摇头，乐坏了兔子和小牛。

我的"韵语识字"教学的基本模式是：教师先指导学生读熟韵文，再利用生字卡片认读生字，然后出示一些与本课生字有关联的词、句、段让学生认读。目的是换一种语言环境，反复呈现，巩固识字效果。

下面以一年级下学期的《审讯鼠贼》这节课为例，说明识字方法：

审讯鼠贼

升堂审讯列罪状，一贯偷盗太疯狂。

率领队伍逮鼠贼，勾结伙伴毁杂粮。

第一，读熟韵文，简单理解。

指导学生读韵文的过程如下：

1. 学生自己拼读。

2. 教师范读、领读。也可以指名让学生读，如果读得对，学生跟读；如果读错了，师生共同纠错。入学两三个月后，学生领读逐渐代替了教师领读。

3. 学生自由练习读。同桌互教互查。

4. 学生"开火车"读。读的时候尽量看着黑板上去掉拼音的韵文，这是为了检查学生读得是否熟练，是否正确。

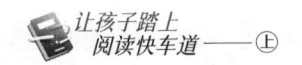

5. 简单理解韵文。在理解韵文上花费的时间越少越好，要淡化理解，强化诵读。有的韵文意思很明确，这一步可省掉。指导学生理解韵文的形式尽量活泼有趣。这一课可让学生当县官来审讯老鼠。

6. 学生一起拍着手摇头晃脑读韵文。听着录音机里歌曲的旋律唱韵文。可以坐着，也可以站着，这样既可以使学生活动活动，身体得到休息，又可以使学生再次复习韵文。经过以上不同形式的诵读，学生已能背诵韵文。

第二，认读生字（带下划线的字）。

1. 按序读生字

擦掉黑板上韵文中的熟字，再读生字，记忆生字在韵文中的位置。这是"韵语识字"一种很关键的学习方法——"定位认读"。

2. 变序读生字

（1）让学生自己读《韵语识字》中的第二部分"生字"。遇到不会读的生字，学生读上面的韵文，从中找出这个字的读音，这也是"定位认读"。把不熟练的字画出来多读几遍。

（2）学生可以读自己制作的生字卡片。遇到不认识或不熟练的生字仍旧看韵文"定位认读"，并将这类卡片抽出来多读几次以强化记忆。

（3）检查学生认读生字的情况，一般采用两种方式：一是老师检查那些认读速度快且制作了生字卡片的学生，让这些学生当"小老师"，并请他们去检查其他学生；二是小组合作先自查，自查合格后找老师检查。老师根据小组内四个学生认读的速度和熟练程度给小组计分。第二种方式运用得最普遍，而且在认读生字的过程中培养了一年级新生的合作意识，提高了学习效率。在一年级进行合作教学的确很困难，但进行大量识字的实验，教学的难点是教师没有那么多时间去逐个学生、逐个生字检查。要把识字教学落到实处，就必须培养学生的合作意识。

上述教学过程，都是沿用东港实验小学的教法。针对"认读生词，认读句子"这两步，我稍微做了改动，增加了词语和句子的数量。

第三，认读生词。

升堂	升官	杂物	课堂	跳舞	形状	做伴儿	曾经	进入
盗贼	盗取	强盗	发疯	合伙	狂奔	粮仓	挥舞	伙房
毒害	毒计	勾画	结果	结伴	结网	审讯	吃粮	审理
通讯	音讯	列车	罪行	状元	毁坏	奖状	状况	惯偷

上面的词语中一小部分是《韵语识字》中的，而大部分是我在备课时用学生以前学过的字和这节课的生字组成的。学生通过认读上面大量的词语，达到强化识字的目的。常规的识字教学，不论是低年级还是高年级，都注重一字组多词，这种口头组词对低年级学生来讲效率很低，对有了一定阅读量的高年级学生来讲也没有多大意义。因为低年级学生对用来组词的字只知其音不知其形，口头组词之后如过眼烟云，一点儿印象也没有。所以我们在课堂上不提倡一字组多词，也不提倡过多地讲解词语的意思，取而代之的是大量认读词句。学生对词语的理解，主要是通过阅读，在具体的语言环境中逐步掌握的。

第四，读句子。

这些句子是用学过的字来编写的。

1. 鼠贼们在仓库里不但吃粮，而且毁坏粮食，太可气了！
2. 审讯鼠贼时，列出了许多罪状。
3. 县官升堂审讯惯偷老鼠，人们高兴得跳起来了！
4. "善有善报，恶有恶报"，罪大恶极的老鼠受到县官的严惩。
5. 疯狂偷盗的老鼠被押上了审判席，真是大快人心。
6. 老鼠面对数不胜数的罪状，吓得虚汗直流。

第五，读段落。

> 鼠贼被逮住了，真是大快人心。通过升堂审讯，法官给鼠贼们列出了许多罪状。头一条就是一惯偷盗。鼠贼曾经勾结伙伴偷偷进入仓库，挥舞着锐利的爪子，把满仓库的杂粮全毁了。

这样的教学内容使识字与阅读融为一体，事半功倍。在识字过程中，学生伴着乐曲唱韵文，展开联想记生字，在轻松愉快的氛围中识字，效果很好。

2000级学生在一年级上学期，按上述"熟读韵文、认读生字、认读生词、读句子、读段落"的步骤，一节课学一篇韵文。一年级下学期，学生认读生字的能力明显增强，可以先集中指导学生读熟几篇韵文，只要学生读正确了，他们就能自觉运用各种识字方法自己认读。当然，有的学生贪玩，不去自觉识字，这很正常，不必批评，只要有自觉认读的学生就行了，因为这些自觉的学生能充分发挥"小老师"的作用，去带动学习困难的学生。这样一节课下来学生能认读2~3篇韵文中的60多个生字。

就这样，2000级学生一年级上学期认识了600多个字。认识这600多个字是学生开学后遇到的第一个难点。对学前已认识200多个字的学生来讲，一年级上学期认识600多个字轻而易举。但对学前没有识字基础的学生来说，一个学期认识600多个字相当困难。

到今天，什么时候学习《韵语识字》中的儿歌已不重要，也许先学，也许后学，都是可以的。学生在一年级上学期结束后能认多少字，我也不再具体统计，因为学生在大量阅读中模模糊糊识字，半年时间，最多一年，都能进入自由阅读状态，个个爱上阅读。对《韵语识字》，我永远心存感激，那是我从教一本教材到教两本教材的转折点，有了教两本教材的经历，我才走上了"课内海量阅读"这条光明大道。

3

诵读《儿歌 100 首》系列，一举数得

随着年龄的增长，我越来越贪恋轻松愉悦的课堂，越来越希望孩子们拥有舒展快乐的人生。如果刚踏入学校的大门就要他们负重前行，这岂不是与我的愿望相悖吗？我固执地选择了一条脱离常规教学的路，为了在这条路上走得更稳健，我要不断地更新教学方法，不断地改造自己，力求通向儿童的心灵世界，以得到与儿童相交的快乐，得到教学相长的幸福。

变化的只是教法，大量阅读是我不变的追求。孔子告诉弟子曾参："吾道一以贯之。"我的课堂"一以贯之"的是：想方设法引领学生沉思静读，自求博取，力求尽早让学生形成自学能力。我为学生选择了一本又一本图文并茂的图书，为识字引入了源头活水。

一、《儿歌 100 首》系列使所有资质、基础不同的学生都能在课内海量读起来

2006 年我在青年路小学教一年级，2007 年到北海学校后再教一年级，两个一年级学生都共读了《好妈妈儿歌 400 首》。玄老汉先生的《好妈妈儿歌 400 首》写得天马行空，精彩纷呈。

人生不读书，活着不如猪

人生不读书，

活着不如猪。

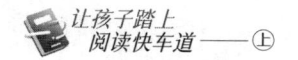

老猪天天糊涂涂,

吃饱就去呼噜噜。

苍蝇给牛抓痒痒——无济于事

苍蝇爱帮忙,

给牛抓痒痒。

抓了半天累够呛,

老牛还是痒得直蹭墙。

孩子们见到这样的儿歌情不自禁地就读起来,边读边笑,乐不可支。400首儿歌,那是很厚的一本书。在课堂上我只能见缝插针地和孩子们读一部分,体味到快乐的孩子们不由自主地读完了他们人生中的第一本"大部头",于是阅读的能力、阅读的兴趣都有了。

自这400首充溢着童趣的儿歌进入我的课堂以来,笑声便不绝于耳。它让孩子们在阅读中享受快乐,在快乐中学会运用,为我的"课内海量阅读"教学奠定了一块最坚固的基石,为低年级的小学生提供了一本优秀的识字、阅读起步教材,使孩子们在不知不觉中迈出了书香人生的第一步。

这400首儿歌不仅成为我的"课内海量阅读"教学的经典教材,也成为我的许多同事和老师朋友的教学素材。淄博张店绿杉园小学的徐美华老师、成都高新区锦晖小学的罗义蘋老师在和学生集体共读的过程中,还据此编写了他们的"班本、校本教材"。我与玄老汉先生商议,希望能根据他的400首原创儿歌,整合我和几位老师几年来的教学积累,系统地为低中年级小学生编写一套"课内海量阅读"教材。于是,《成语儿歌100首》《谚语儿歌100首》《歇后语儿歌100首》《俗语儿歌100首》于2012年出版面世,受到了广大教师和家长的欢迎。

这套丛书的编写体例,以方便教师教学和学生学习为出发点,为学生设计了不同的分级达标标准:读熟儿歌为一星目标,读准"我会认"中的生字、生词为二星目标,能口述"大显身手试一试"中的练习为三星目标。

第三章 一年级通过海量诵读儿歌认识2000字

画饼充饥

huà bǐng chōng jī

lǎo qī lǎo qī
老七老七，
huà bǐng chōng jī
画饼充饥。
xūn ròu dà bǐng huà yī dì
熏肉大饼画一地，
jié guǒ hái shì è dù pí
结果还是饿肚皮！

熏　饿　饼
充饥　熏肉　肚皮

鸡犬不宁

jī quǎn bù níng

jiù jiu hē zuì jiǔ
舅舅喝醉酒，
dǎ jī yòu mà gǒu
打鸡又骂狗。
jī fēi gǒu jiào duǒ jiù jiu
鸡飞狗叫躲舅舅，
luàn luàn hōng hōng xià pǎo xiǎo huáng niú
乱乱哄哄吓跑小黄牛。

躲　乱　哄　吓　醉
鸡飞狗叫　喝醉　舅舅

018　019

《成语儿歌100首》内文

大显身手试一试

我会填
1. 风雨＿＿＿　2. 悬崖＿＿＿　3. 画＿＿＿充＿＿＿
4. 蜻蜓＿＿＿　5. 鸡犬＿＿＿

我会猜
1. ＿＿＿＿＿＿：比喻做事很肤浅（fū qiǎn）不深入。
2. ＿＿＿＿＿＿：比喻已经到了危险的边缘（yuán），要及时醒悟（wù），赶快回头。
3. ＿＿＿＿＿＿：形容骚（sāo）动得非常厉害。
4. ＿＿＿＿＿＿：比喻用空（kōng）想的东西来安慰（wèi）自己。
5. ＿＿＿＿＿＿：比喻齐心协（xié）力，共渡难关。

我会用
1. 汶（wèn）川大地震（zhèn）发生后，全国人民＿＿＿＿＿＿，有的捐（juān）钱，有的捐物，让灾区人民早日恢复（huī fù）正常生活。
2. 你如果再不＿＿＿＿＿＿，就要闯（chuǎng）大祸（huò）了。
3. 老师叫小英去擦（cā）图书超市，没想到地连书也不拿起来，拿着抹布在书架上随便一擦就算了，这样＿＿＿＿＿＿式的做法怎么能擦干净呢？
4. 困难是暂（zàn）时的，只要我们＿＿＿＿＿＿，一定能使企（qǐ）业起死回生。
5. ＿＿＿＿＿＿是解决不了实际问题的。
6. 自习课上，小红和小明大声讲话，到处乱走，搞得班里＿＿＿＿＿＿。
7. 计划（huà）再好，不脚踏实地去干，只不过是＿＿＿＿＿＿罢了。
8. 小红已经几次中午离校买零食吃了，她要＿＿＿＿＿＿了，否则（fǒu zé）会被老师批评的。
9. 几十年来，我与他肝（gān）胆相照，＿＿＿＿＿＿，建立了深厚的友谊。

022　023

《成语儿歌100首》内文

103

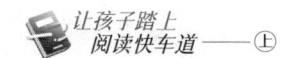

对于这四本书，不同年级的学生学习的速度和方式有所不同：一年级学生可以只读儿歌、认字词。一节课能学5首、10首还是20首，取决于班里阅读速度最慢的孩子达到一星目标的速度，他看着拼音能磕磕绊绊读会多少首，就一节课学多少首。等到把四本都读完了，孩子们阅读的速度将会大大加快；等孩子们把常用字也认得差不多了，把四本书的"大显身手试一试"口述一遍。二、三年级学生可以逐页学习，选择不同的目标。我们这样编排是为了给孩子们提供一个"能跑则跑，能飞则飞"的自由学习空间。只要跟上海量阅读，孩子无论达到几星目标，都能在两年之内获得浓厚的阅读兴趣和超强的自由阅读能力。掌握基本的阅读方法，养成良好的阅读习惯，对孩子们的一生都是至关重要的。

二、《儿歌100首》系列的教学方法

◎ 读是硬道理 ◎

10年前区教研室的一位主任在听我的课时说："小韩，你们班没有一个学生掉队。在这节课上，每个孩子都忙着读读背背。但坦率地讲，我没有搞明白你到底怎么上课的。"那么我到底怎么上课的，怎么令专门研究教学的主任都搞不明白呢？因为我没有按常规的"朗读，理解，再朗读，再进一步理解"的思路上课，而是除了"读一读、背一背"之外没有其他环节，只是偶尔会根据文章内容问一两句，因为过于简单，因为前无铺垫后无说明，听课的人也没有搞懂我问的是什么，学生答的是什么，只是看到学生学习的热情挺高。也就是说，在我被领导赏识之前，在我成为名师之前，我的课在外人看来是"搞不懂上了些什么"，没方法，没思路。那些方法、技巧都是之后被听课的人逼出来的。简简单单地读书就是我最初海量阅读的教学方法；单纯地读书，把"讲课"变成"读书课"，就能成就学生。2003年，当潍坊市教研员惊呼我的学生"个个都是小天才"时，我只会简简单单地领学生读书。和学生照着书念这400首儿歌就可以了，读书就是最重要的教学方法，朗读是语文教学的硬道理。

在只有老师和学生的"私人"课堂上，我们可以尽量精简理解环节，把时间省出来读：老师领读或学生领读—学生齐读—一个学生读一句—"开火车"读一遍—再领读，再齐读，再"开遍火车"读一遍。低年级的课堂，齐读一定要间隔进行，因为小孩子很难集中精力听别人读或说，一定要让孩子的嘴巴动起来。领读和"开火车"间隔进行，是为了读得准确，读得清楚。语文教师的责任是把字音读准，至于孩子理解到什么程度可以不用过分在意。

当然了，重视朗读并不是排斥理解，师生简单地聊几句，帮助孩子理解儿歌题目的意思，还可以活跃气氛，但占用的时间一定要少。如：

同床异梦

金铃玉玲，

同床异梦。

金铃做梦放风筝，

玉玲做梦捉蜻蜓。

"金铃玉玲在一张床上，还是各自在各自的床上睡觉？""她俩在一张床上睡觉时做的梦一样吗？""不一样。""这就叫同床异梦。""'同床异梦'读三遍。"

大吹大擂

大蛤蟆，嘴巴大，

呜哇呜哇吹喇叭。

小蛤蟆，把鼓打，

边打边跳边说话：

我们蛤蟆乐队顶呱呱，

全靠大吹大擂打天下！

"蛤蟆有没有本事打天下？""他这样吹牛就叫什么？""'大吹大擂'读三遍。"

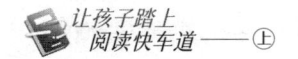

◎ **年级不同，领读的学生不同** ◎

10月、11月时，一年级的学生普遍认字不多，最好是由部分学生领读，由哪部分学生领读呢？一是识字多的，二是在家做过准备的学生，也就是家长在家听孩子读熟了，家长告诉老师他的孩子能够领读哪几首。家长往往想让自家孩子表现自己，但这个机会要他们自己争取，老师可以通过飞信或其他方式与家长保持联系，鼓励越来越多的学生成为领读"小老师"。

如果是二、三年级的孩子学这400首儿歌，可以按座次领读，老师事先分配任务：比如一组领读1~8首，可以把整本书的100首儿歌一次性分配下去。50个人的班级，一个学生领读两首就分配完了，老师再列一张表格贴在墙上，让每一个小组、每一个学生都明确自己的"教学"任务，明白哪个成员领读哪几首。如果合作小组四个人都领读正确，老师就给予表扬、奖励；如果有一个学生领读得不正确，那么合作小组不得分。为了争取表扬或奖励，小组成员之间会事先互相教，全班学生就个个能当"小老师"了。

老师可以给每个小组评判一个分数，比如每个"小老师"领读正确得2分，错一个字只得1分，错两个字不得分；大声清晰地领读，每个"小老师"得1分，即使"小老师"读得不流畅，只要大声读就可以得分；"小老师"在领读之后如果能恰当地提问题，或者加上动作表演等，可以加奖励分。每个小组领读完之后，会领到一张小组总成绩的表格。

老师根据合作小组四个人的表现填好分数给小组长，隔段时间就累计一次。这样可以促使全组成员在互帮互学的过程中不断提升朗读水平。不过，小组合作对中高年级学生效果较好，对刚入学的小孩子几乎没有效果。老师要根据自己班的具体情况选择合适的方法。

◎ **三星达标、教学速度以学定教** ◎

至于认读生字，到儿歌中找生字的"定位认读"法一教就会，然后，生字就不用老师教了。会读儿歌，达到一星目标；会认生字，达到二星目标；会做"大显身手试一试"上的练习，达到三星目标。"大显身手试一试"要不要集体练习，要根据学生的年龄来选择。二、三年级可以上课时集体练一练，一年级可以跳过去，等学完400首儿歌之后，有了一定的识字量再学。"课内海量阅读"要给学生设立足够缓和的坡度，让学生慢慢上升，见了难啃的"骨头"先放一放，千万不要硬啃，等"煮一煮"再啃。

老师不要要求所有的学生都达到三星目标，而应该把着眼点放在那些学困生身上，他们能达到一星目标，会读儿歌即可。我已把没有注音的这400首儿歌发到公共邮箱（账号：hanxingelaoshi@126.com，密码：hanxinge）中，老师印出几份放到讲桌上，准备达一星目标的学生可以借用，试试没有拼音会不会读儿歌，老师则留一份检查学生用。学困生如果能读书上带注音的儿歌也算达到一星目标。

全班集体共读的速度应该如何掌握？那就要看学困生达到一星目标的速度如何。如果阅读速度最慢的学生一节课学5首能达标，那全班就一节课学5首。全班的阅读速度在慢慢加快，一节课可以由5首变成6首、7首甚至10首、20首，只要学困生能达到最低要求即可。千万不要等全班大部分学生都能认识生字了再学下一首，那样就不叫"课内海量阅读"了。"课内海量阅读"半年后才会有明显效果，那些学习困难的孩子突然间就变厉害了。我班上的学困生从一年级到六年级，经过五年多的"课内海量阅读"，他们跟着大部队学习有难度的书籍时依然有困难，但所有的学生从二年级开始朗读课文都没有障碍。

◎ 反复诵读儿歌题目 ◎

这400首儿歌最大的优点就是用儿歌来理解成语、歇后语等，儿歌读完就算了，背不背不重要，但题目一定要记住。六年前，我曾把400个儿歌题目写到了挂历上，方便学生反复念，我遮住一半让学生念另一半。

我的同事韩霞制作的课件《图片+歇后语题目》可以用来反复练习朗读题目，在我博客左上角的链接里有，在"课内海量阅读"QQ群中也有。

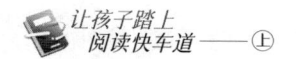

最省事的办法就是让学生用各种方式把目录盖住一部分反复练习，如：

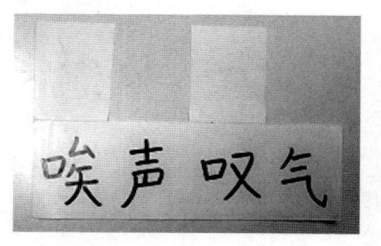

一张 A4 纸对折，一面写词，一面做挡板　　可以挡住两个字让学生练习读

换另外两个字挡住

通过课堂上的学习，这些题目被学生扎扎实实地记住，这是孩子积累的"第一桶金"，为他们说话、作文积累了词汇。

我的"课内海量阅读"实验虽然有潍坊市教育局"重视阅读"这一大环境的支持，但并没有全面推广，所以虽然有同事自发地、不同程度地跟进，但很难达到像我这样的"快速、海量"，因而我的教学还是"一个人的课改"（郑飞艺博士如是说），要得到家长的认可并不容易。在一年级时，学生家长看到我教学的速度飞快，孩子没有学扎实就要继续前行，他们有的观望，有的表达了不同意见。到春节时，在亲朋好友面前，孩子的嘴里不断地冒出新词，为家长挣足了面子，于是部分家长认可了我的教学理念。

玄老师的这 400 首儿歌虽然看起来不够"经典"，但在趣味性和语言积累方面有绝对优势，特别适合小孩子。随着年级的升高，我和学生会在课堂上大量诵读经典的唐诗、宋词、《诗经》……如果没有在低年级培养起对阅读的热爱，学生就会缺乏走向经典的能力。

三、儿歌的温馨故事

◎ 学以致用在阅读与写作之间架起桥梁 ◎

2007级学生在一年级和四年级时分别把这400首儿歌学习了一遍。一年级时学习这400首充溢着童趣的儿歌，让孩子们有了100个成语、100个俗语、100个谚语、100个歇后语的积累，并学以致用，这使家长们对我的经典之旅产生了初步的认同。我请家长把孩子学以致用的例子记录下来，发到我们班的网页上，并从中选择了一部分搬到课堂上，让"学以致用"发挥辐射作用，惠及更多的孩子。但孩子们那点儿学以致用的例子对于我的"课内海量阅读"教学来说是杯水车薪，于是我在成堆的书籍中、在浩如烟海的网络信息中搜寻运用得经典的例子，累得头晕眼花。今天终于给这100个成语、100个俗语、100个谚语、100个歇后语各找了一个运用的例子，为进行"课内海量阅读"的师生提供了一套实用的教材。学语言是为了运用，让学生读运用得经典的例子，是让学生学会运用语言最高效的办法了。

学生的语言积累犹如蚂蚁搬家，只是盲目地贮藏，贮藏之后就束之高阁而想不到运用，大部分早已被遗忘。要使学生对语言运用得得心应手，就必须对语言作千百次的重复朗读，熟读背诵是通过语言输入增加大脑皮层的语言信息，是完成语言强化的第一步。运用（如作文训练）则是调动大脑中的语言信息来激活大脑皮层细胞之间的信息回忆、交流筛选，从而达到巩固、运用语言的目的。因此，运用是更高层次的语言积累过程。要使大脑的语言信息系统灵活自如地运转，必须加快语言运用的频率，增加运用的密度，在运用中积累。

为了在阅读与写作之间架起一座桥梁，要培养学生运用语言的自觉意识，努力使学生达到这样一种境界：学了一个成语、一个句子、一种句式……仿佛新得宝剑，时刻捕捉战机，一有机会，即用之而后快。有了这样的意识，孩子才能形成自觉运用语言的习惯，才有利于学好语文。所以当学生在平时的口头表达和作文中恰当地运用语言时，家长和老师要"夸

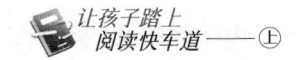

大其词"地表示惊讶和赞赏。在一个班级中，对于学生共同背诵过的那些语言素材，因人的智力等因素各不相同，有的学生能学以致用，有的学生不能举一反三，需要举三反一、举十反一、举百反一。《儿歌100首》系列提供了近500个学以致用的例子，给学生举百反一的范例。

　　学生在不断运用语言的过程中，既激活了自身的语言信息系统，又吸收了他人的新鲜词汇，不断丰富自己的语言积累，体现了孔子"学而时习之"的理念。这里的"习"不是"复习"，而是实践、实习、运用，我让四年级的学生重读一年级学过的书，这是最大的原因。

　　显然，四年级的学生重温一年级的书是多么容易，除了两个后来转进的学生，其他学生都能在课堂上说出答案。有的学生能略微思考后说出答案，有的学生听到同学说出答案后恍然大悟。半节课学50个句子，对全班学生来说并非听天书，他们都在思考，在诵读。

　　自习课上，两三个小孩子脑袋靠着脑袋，拿着"学以致用"的资料，一会儿读一读，一会儿议一议，真是一幅美丽的画面。美丽的原因是：第一，这是小孩子自发的合作行动，合作意识、合作精神、合作能力的价值无穷；第二，在这个过程中每个小孩子都在动脑筋，有思维活动的学习最有意义。集体学习时，有的孩子走神，有的孩子思维跟不上集体。这时，每个孩子都发表意见，或要求同学进一步讲解。

　　集体学习的课堂环节也很简单，先出示10首成语（或俗语、谚语、歇后语）儿歌的10个题目让学生齐读，然后做关于这10个题目的"学以致用"句例，如：

　　一天，爸爸妈妈对一件事的观点不谋而合，台浩文说："人家有的夫妻是＿＿＿＿＿＿，你们俩是一拍即合。"

　　春节期间有亲戚带小孩到家里玩，说孩子为写作文犯愁。冠伊说："只要多看书，就不用为写作文发愁了，说不定还会写出＿＿＿＿＿＿呢！"

　　台浩文、冠伊都是我的学生，看到同学的名字出现在教室屏幕上，大家格外开心。学生抢答：同床异梦、长篇大论。当学生抢答的速度慢，或答案不对时，我就思考，是不是我提供的这个句例有问题，然后和学生当场修改，使之通俗易懂。孩子们一边口述答案，一边在这些"学以致用"的句例中寻找自己的名字，因为有好多句子是他们一年级时提供的。

◎ 孩子们修改儿歌的插曲 ◎

2007级学生亲身经历了400首儿歌的修改，他们从书的读者变成了书的作者。

◇ 我的理解比书上更正确

孙陶同学在下面这首儿歌中找到了问题：

一只耳朵进，一只耳朵出

小猪小猪，

上学读书。

一只耳朵进，

一只耳朵出。

考试考得糊涂涂，

气得老猪掐小猪。

你说老猪它猪不猪？

孙陶说"你说老猪它猪不猪"应该改成"你说小猪它猪不猪"。我让他打开《好妈妈儿歌400首》看看，原版书上的确是"老猪"，但孙同学不干："小猪不听讲，考试成绩差，当然'猪'得很，老猪惩罚小猪，虽然也'猪'，但情有可原，所以还是小猪'猪'得厉害。"

晓榕、宇虹两名同学也乐呵呵地来到我面前，指着下面的例子让我看：

有理三扁担，无理扁担三：指不问谁是谁非，一律惩罚，或一概（gài）否（fǒu）定。

两个小姑娘认为"谁是谁非"不够通俗易懂，一年级小孩子理解起来有困难，不如改成"谁对谁错"：

有理三扁担，无理扁担三：指不问谁对谁错，一律惩罚，或一概（gài）否（fǒu）定。

孩子们挑战书本，改得准确、通俗的例子不胜枚举：

老虎的屁股——摸不得：形容一个人或一件事比较危险（wēi xiǎn），不能轻易（qīng yì）触碰（rě）。

改成：

老虎的屁股——摸不得：形容不要轻易（qīng yì）触碰（rě）危险的人物、事物。

……

你作为我们单位的技术骨（gǔ）干，可是隔着窗户吹喇叭——名（鸣）声在外，谁人不知，谁人不晓啊？

学生指着"可是"说感觉不对劲，我说这里的"可是"不表示转折，是"是"的意思，学生说，不能让小朋友产生误解，我说这么改吧：

你作为我们单位的技术骨（gǔ）干，已经是_____了，谁人不知，谁人不晓啊？

学生摇摇头，显然对我的改动不满意，又找同学商量半天，把他自己认为满意的答案呈现在我面前：

你作为我们单位的技术骨（gǔ）干，应该是_____了，谁人不知，谁人不晓啊？

宋怡心小朋友又来了：

劳动是幸福的左手，节约是幸福的右手：比喻劳动和节约（yuē）的关系密不可分，只有这样，才会幸福。

怡心说"只有这样"意义不明确。我让她把"解决方案"拿出来，不要把问题推给我解决。怡心沉思着回到座位，不知什么时候"强强联合"，找台浩文商量去了。

"韩老师，这么改行不行？"浩文、怡心一起来问我。

劳动是幸福的左手，节约是幸福的右手：比喻劳动和节约（yuē）的关系密不可分，只有二者兼并，才会幸福。

我一拍浩文肩膀，竖起大拇指说："高，实在是高！"又顺手拿笔把

"二者兼并"，改成"二者兼顾"：

<u>劳动是幸福的左手，节约是幸福的右手</u>：比喻劳动和节约（yuē）的关系密不可分，只有二者兼顾，才会幸福。

帅哥才子浩文同学给我竖一个大拇指："老师才高呢！"哇！我的徒弟是发自内心地佩服我，得到高才生的夸赞，我得意着呢！

◇ 这个句子出得太差劲

浩文指着下面的句子大叫："韩老师，这个句子出得太差劲！"我一看正是我在双休日思考半天没改好的"尾巴"：

关羽胆大心细，温酒斩（zhǎn）华（huà）雄，这真是<u>没长鲨鱼胆，难捕大鲨鱼</u>。

我们师生改成了下面的句子：

荆轲和秦舞阳一起行刺秦王，秦舞阳一见秦王威严的样子，吓得脸色发白，导致刺杀计划失败，这真是<u>没长鲨鱼胆，难捕大鲨鱼</u>。

类似的例子还有：

<u>风不动，树不摇</u>，学习有困难的小明，这次考试竟然得了满分，肯定事出有因。

改成：

俗语说"<u>风不动，树不摇</u>"，你没做亏心事，见到警察跑什么？

◇ 非让老师听我的才罢休

别小看这些螺（luó）丝钉了，<u>滴米成箩，滴水成河</u>，积少成多，它们早晚会发挥（huī）大作用的。

"老师，这个句子太啰唆！把'积少成多'删掉吧！"

"不删，意思相似的句子可以罗列在一起，表达强烈的感情，你们的作文不是喜欢写类似的排比句吗？"

过了一会儿，三个"精英"一起来找我理论："我们读着这个句子感觉喘不过气来，兼听则明，还是删吧！"

我总不能"偏听则暗，固执己见"吧，改。

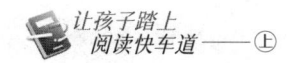

别小看这些螺（luó）丝钉了，<u>滴米成箩，滴水成河</u>，它们早晚会发挥（huī）大作用的。

◇ **咬文嚼字更准确**

"老师你看这句有问题，'收获'是已经得到了，满山打的野鸡是还没有得到的东西。"于是，我听从弟子的话，把句子：

<u>满山打野鸡，家里丢了大公鸡</u>：比喻到处寻找新的收获却没有找到，反而失去了已经到手的成果。

改成：

<u>满山打野鸡，家里丢了大公鸡</u>：比喻到处寻找新的利益却没有找到，反而失去了已经到手的成果。

家长会上，我把孩子们修改书稿的故事讲给家长们听，他们笑声不断。说实话，对这些五年级的小学生，我们成年人不得不表示佩服。孩子们的能力来自海量阅读过程中形成的语感。什么叫语感？我查到如下资料：

语感，是比较直接、迅速地感悟语言文字的能力，是语言水平的重要组成部分。它是对语言文字分析、理解、体会、吸收的全过程的高度浓缩。语感强的，在实际应用中表现为一接触语言文字，即产生正确的全方位的丰富的直觉。在阅读时，不仅能快速、敏锐地抓住语言文字所表达的真实信息，感知语义，领会意境，体味感情，而且能捕捉到言外之意、弦外之音。而语感差的，接触语言文字时，在运用惯常的分析、理解手段之前，仅能领略其内涵的一鳞半爪，甚或曲解其意。

"课内海量阅读"使五年级小学生有了较强的语感，他们成为《儿歌100首》系列最好的主人。

◎ **臧运红师生的儿歌情缘** ◎

我的同事臧运红给我讲他们师生在学习儿歌的过程中发生的故事：

有人说："自从有了母爱就有了儿歌。"儿歌是一种文字十分简练的文学作品，是哺育孩子成长的文学营养。玄老汉和韩兴娥编著的《成语儿歌100首》《俗语儿歌100首》《谚语儿歌100首》《歇后语儿歌100首》，带着欢声笑语走进了孩子们的世界。

玄老汉深刻地洞察童心童趣，破解了趣味的密码。这套儿歌书具有流畅的语调、明快的节奏、优美的旋律、丰富的内涵，充盈着美感，蕴含着哲理，可以让孩子们手舞足蹈地学习，轻松自如地应用，带给他们无穷的乐趣和成功的体验。许多儿歌以一种巧妙甚至是搞笑的方式对诸多现象发问，对培养孩子的思考能力产生潜移默化的影响。同时，儿歌与成语、俗语、谚语、歇后语的有机结合，丰富了孩子的语言。这实在是一套高效、有趣的识字、阅读起步教材。

我是韩兴娥"课内海量阅读"的积极实践者，我和二年级的孩子们欢呼雀跃地扑进儿歌的天地，我们快乐地扬起"课内海量阅读"的风帆远航。孩子们喜欢和儿歌交朋友，带着动作读很有创意，复沓读很有韵律，低声读很有挑战，拍桌读很有气势，唱读很有韵味。孩子们最喜欢用方言读，乐得前仰后合，学习的热情快要掀翻屋顶。我们班的刘敏婕喜欢儿歌喜欢得都有些"疯癫"了，没事就哼哼几句，凡开唱必配动作。她的妈妈经常跟我"诉苦"：她放学坐在自行车后座的时候，经常边唱边舞，搞得车子东摇西晃；吃饭的时候也经常会突然唱几句；洗澡的时候，更喜欢唱儿歌，她兴致高昂，手舞足蹈，只见一片水珠乱飞，只听一地"大珠小珠落玉盘"的声音，我也像落汤鸡一样被淋得湿淋淋的。

当时我们正在学《歇后语儿歌100首》，运动会后，班里有个孩子写了一段日记：

运动会上，运动员们像鸭子上锅台——一股猛劲儿，刘佳乐轻松获得跳远比赛第一名，隔着窗户吹喇叭——名声在外，他当时那高兴劲儿简直就是骑驴吃豆包——乐颠了馅。王雨泽吹嘘自己稳拿第一名，典型的老母猪耕地——光会使嘴，结果也如大家预料的那样，他使出吃奶的劲儿还是瘸腿驴追兔子——赶不上，同学们急得就像猴子跳上煎饼锅——瞎蹦跶，但还是老牛掉水井——有劲儿使不上。下午还有好多比赛项目呢，咱们骑驴看唱本——走着瞧，希望我们班的成绩像芝麻开花——节节高！

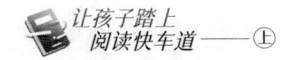

还有一次，我们班的班长急匆匆地跑来办公室找我，进门就像竹筒倒豆子似的说了一串：

牛大帅狗捉老鼠——多管闲事，和黄袍怪打起来了，狗咬狗——一嘴毛，两个人都是鸭子上锅台——一股猛劲儿，黄袍怪脚踩擀面杖——站不稳，就跌了一跤，同学们急得像热锅上的蚂蚁——团团转，可还是没有解决矛盾，我们劝架等于苍蝇给牛抓痒痒——无济于事。

我当时就惊呆了，歇后语儿歌用得还真溜，人才呀！

我喜欢和孩子们一起学儿歌，因为我可以和他们一起唱，虽然我唱得并不动听；我可以和他们一起跳，虽然我的舞姿并不优美。我们一起在儿歌的世界里陶醉，在富有生命力的文学中遨游，现在就等着你们和孩子们一起捧起儿歌，体验亲子共读、师生共读的乐趣！

四、儿歌教案

下面附上两篇我同事的相关教案，以供参考。

《歇后语儿歌100首》第五单元教案设计

（一）温故知新好习惯

同学们，前几天我们学过几首歇后语儿歌，你们还记得吗？考考你们。

看图片，猜猜图片说的是哪个歇后语。

看着前半句，你能说出后半句吗？

同学们刚才说话真像小孩吃黄瓜——咯嘣脆。

看来前段时间大家对歇后语儿歌的学习真是"狗撵鸭子——呱呱叫"啊，今天的表现是不是"鸭子上锅台——一股猛劲儿"呢？

（二）乐学善思读儿歌

1. 癞蛤蟆想吃天鹅肉——痴心妄想

今天，鸭子没请到，不过我们倒可以来与一只可爱的天鹅做朋友。喜欢它吗？有两只癞蛤蟆也挺喜欢它的，不过它们是：

癞蛤蟆想吃天鹅肉——痴心妄想

癞蛤蟆，登山头，

看见天鹅就招手：

天鹅天鹅请你跟我走，

我家的油锅滑溜溜。

滑溜溜的油锅放豆油，

油炸天鹅我先吃一口！

请大家打开课本第 31 页，跟老师读。

"小老师"领读—"开火车"读。

最难的字都跑到儿歌下面了，谁来试着领读"我会认"。

玩个游戏：我说你指。

孩子们，作为天鹅的朋友，我们能不能让天鹅跟着癞蛤蟆走呢？——所以我们说"癞蛤蟆想吃天鹅肉——痴心妄想"。

2. 竹篮打水——一场空

老师送给大家一个礼物——竹篮（这竹篮里可以装点儿好吃的，比如水果、蔬菜……）装点儿水行不行？——可真有两个糊涂虫是这样做的，让我们走进儿歌看一看：

竹篮打水——一场空

两个糊涂虫，

渴了找水井。

竹篮打水一场空，

糊涂虫直瞪糊涂虫。

"小老师"领读—"开火车"读—小手指读。

这两个糊涂虫挺不服气，他俩把这两首儿歌里所有的生字词都集合起来，想要难为大家，你敢接受他们的挑战吗？

登 癞蛤蟆 鹅 锅 滑溜溜 渴 井 篮
炸 招 油锅 竹篮 糊涂 水井 瞪

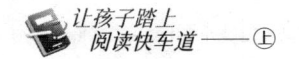

3. 病好打医生——恩将仇报

医生是治病的，给人带来健康。我们得好好感谢医生，可瘸腿狼不但不感谢医生，反而"病好打医生——恩将仇报"。

让我们走进这一首儿歌：

病好打医生——恩将仇报

瘸腿狼，来看病，

山羊医生很热情。

看好病，打医生，

打得山羊直发愣。

老狗熊，气不公，

揍得瘸腿狼掉进烂泥坑。

老师读—"小老师"读—"开火车"读—认生字。

（三）开动脑筋巧积累

小结：孩子们，通过自己的努力，今天大家又认识了三个歇后语，结合课件说说是哪三个。——记住了并不代表大家完全掌握了，能在生活中合理运用才是最好的，你们会用吗？

孩子们，今天大家的表现精彩极了！希望大家继续努力，把学到的知识运用到生活中，不要"竹篮打水——一场空"哦。

（潍坊北海学校语文老师　郑丽萍）

《谚语儿歌100首》第七单元教案设计

又到了我们的谚语学习时间了，让我们一起喊出学谚语的口号吧！

> 学谚语　长知识　明事理　启智慧

（一）温故知新好习惯

同学们，前几天我们学过几首谚语儿歌，你们还记得吗？老师要考考你们。请来闯关吧!

第一关:我会填。咱们一起"开火车"吧!

人心齐,＿＿＿　　　　　　　扎得紧,＿＿钻不进

百闻不如＿＿,百见不如＿＿　　＿＿没捉到,惹了一身＿

前门赶走了＿,后门进来了＿　　＿＿不在年高,＿＿空活百岁

＿＿＿,钓大鱼　　　　　　　　百里＿＿,千里＿＿

＿＿编篓,全在＿＿　　　　　　起个＿＿,赶个＿＿

＿＿＿,不用尝　　　　　　　　树干＿＿,不怕＿＿

＿＿走遍天下,＿＿寸步难行　　抱着＿＿,忘了＿

说说笑笑,＿＿＿　　　　　　　说你好,＿＿＿说你坏,＿＿＿

第二关:我会看。看看图片说的是哪个谚语。谁想好了,请举手。

(图片略)

同学们真棒,顺利过了两关。让我们一起进入第三关:我会用。

1. 在家里,小明一不如意就对着爸爸妈妈大吼大叫,妈妈让他出门做自己想做的事情他总是不敢,妈妈说:"你是属小狗的吧,真是＿＿＿＿＿＿＿。"

(请张恒瑜公布答案吧!)

2. 李子昊在家里干家务遇到了难题,请爸爸帮忙,爸爸一下子就做好了。李子昊拍着手说:"＿＿＿＿＿＿＿。"

3. 国庆节旅游时,导游一大早就喊我们集合,可是半路上车坏了,我们等了好长时间,这真是＿＿＿＿＿＿＿。

4. 妈妈喜欢读书,她常常对小红帽说:"＿＿＿＿＿＿＿。"

5. 十一长假,刘子豪和妈妈来到黄山山顶,山顶上的风景真美,奇石比课文上还多,真是＿＿＿＿＿＿＿。

6. 吴雨函来到乌鲁木齐的姥姥家做客,姥姥家的生活习惯和我们那儿大不相同,真是＿＿＿＿＿＿＿。

同学们能学会用,顺利过关,为自己鼓鼓掌吧!

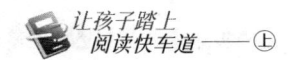

(二)乐学善思学谚语

1. 紧紧手，年年有。

请大家打开课本第 48 页，用你喜欢的方式读一读：

紧紧手，年年有

紧紧手，年年有。

一天只要省一口，

三年凑成好几斗。

蚂蚁节省是能手，

吃喝穿戴都不愁。

"小老师"领读—"开火车"读—齐读。

最难的字都跑到儿歌下面了，谁来试着领读"我会认"。

凑成　　节省　　穿戴

玩个游戏：我说你指。

2. 劳动是幸福的左手，节约是幸福的右手。

这首谚语儿歌中你觉得哪个词最关键呢？

劳动是幸福的左手，节约是幸福的右手

劳动是幸福的左手，

节约是幸福的右手。

只有左手拉右手，

幸福生活才长久。

小牛打粮打八斗，

省下两斗给老牛。

老师读—拍手读—表演读。

是啊，勤俭节约是咱们的传家宝，幸福生活离不了。

3. 宁舍一锭金，不舍一年春。

同学们，俗话说："一年之计在于春。"让我们走进儿歌《宁舍一锭金，不舍一年春》。

宁舍一锭金，不舍一年春

宁舍一锭金，

不舍一年春。

春光无限好，

献给种田人。

种出谷穗胖又沉，

一仓谷子一锭金。

"开火车"读—合作读—拍手读。

认生字：

> 穗　锭

说文解字：

穗：禾，庄稼。惠：实惠。丰收的庄稼能带给人们实惠的东西。锭：金属凝固形成固定形状的东西。

时间比黄金更宝贵，大家可要学会珍惜时间啊！

4.蚂蚁爬树不怕高，有心学习不怕老。

玲玲的奶奶今年70岁了，还在每天学英语，真是让人敬佩。这让人想起了这样一个谚语：

蚂蚁爬树不怕高，有心学习不怕老。

同桌合作读—"小老师"领读—拍手读。

4.这山望着那山高，到了那山没柴烧。

小青和妈妈去商场买衣服，试了一件又一件，不是嫌这件颜色不好，就是嫌那件款式不对，转来转去，一件都没买上。妈妈郁闷地说：

这山望着那山高，到了那山没柴烧。

"开火车"读—男女生合作读—拍手读。

今天，咱们一起学习了五句谚语，让我们一起做个游戏，放松一下吧！

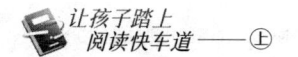

（三）金蛋闪闪藏智慧

藏着题目答案的金蛋

我会猜：请你选择一个喜欢的金蛋，将金蛋里的内容与下面的题目正确对应。

1. _____不知足，只能是结果更糟。

2. 过日子要注意节约，这样才会年年有余。说的是谚语"_____"。

3. 根据意思来猜谚语，请你的一位好朋友来回答：时间比黄金珍贵，劝人们要珍惜时光。

4. 请你的一号组长根据意思来猜谚语：虽然学习会有困难，但只有不怕困难，才能学好，即使老了也能学好。

5. 请你说出两个带小动物的谚语吧！

6. 请你用一句谚语来形容这句话：没有大人物的地方，小人物也可以称王称霸。

7. 俗话说"_____"，他们村就是靠发展渔家乐、在山上种植果树，变得富有起来。

8. 请大家一起来说一说带有数字的成语或谚语吧！

9. 由你邀请大家来说一说带有动物的谚语或者成语吧！

小结：孩子们，通过自己的努力，今天大家又学会了五句谚语，也明白了很多道理。你们今天的表现精彩极了！希望大家继续努力，专心学习，抓紧每一分钟，"宁舍一锭金，不舍一年春"，把学到的知识运用到生活中。老师还要向你们推荐《俗语儿歌100首》《歇后语儿歌100首》《多音字儿歌200首》，愿这些书带给你们更多的收获！

（潍坊北海学校语文老师　姜莉）

4

学习《成语接龙》，积累词语复习拼音

一年级下学期或二、三年级适合学习《成语接龙》，阅读基础好的班级可以在一年级下学期学习。成语不像儿歌和小故事那样一读就懂，有些成语解释了，小孩子也不明白，从这个角度来讲，学习《成语接龙》有难度。但《成语接龙》"龙头"接"龙尾"，适合背诵，低年级孩子个个是背诵小天才，学一个月左右，可以背诵1000条成语，因此，《成语接龙》适合小孩子学习。另外，《成语接龙》是四个字的，比较短，适合练习拼音，小学低段学习《成语接龙》时还可以集中复习一下拼音。郝少林、王波主编的《成语接龙》以《登鹳雀楼》这首诗的20个字"白日依山尽，黄河入海流。欲穷千里目，更上一层楼"分别当"龙头"进行成语接龙，共20条龙，1000个成语。黑板上只要挂上这20个"龙头"，学生就能一气呵成背出1000个成语，老师多省力啊。这1000个成语虽说是死记硬背到脑中的，但以后在文章中见到这些成语时就有了似曾相识的感觉。低年级的语文老师的首要任务是教学生读准字音，理解意义是可以随着阅读无师自通的。

一、集体预习读准字音，竞选"小老师"

这套《成语接龙》，有配套音频。我先让学生从头到尾各听三遍。听完一条龙，我就讲一个成语故事哄小朋友开心，让他们休息一下，这样进行下一步学习时他们才能更好地集中精力。集体预习时对易错的读音进行

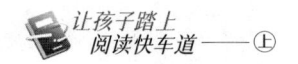

强化朗读。我把下面的词写到大纸上经常让学生念，念数十遍之后，学生就不容易念错字了。

第1条龙：强（qiǎng）颜欢笑

第3条龙：地主之谊（yì）

第6条龙：是非曲（qū）直　规行矩（jǔ）步

第9条龙：顺蔓（wàn）摸瓜（"顺藤摸瓜"和"顺蔓摸瓜"意思一样）

飞来横（hèng）祸

第12条龙：泄露（lòu）天机

第13条龙：出头露（lòu）面　妒贤嫉（jí）能

第14条龙：里外夹（jiā）攻　腾蛟（jiāo）起凤

第15条龙：爱憎（zēng）分明

第17条龙：强（qiǎng）词夺理（"强"的变调易读错。三声在一、二、四声前，降下来后不再升上去，调值由214变21，也就是三声读一半）

第19条龙：强（qiǎng）人所难（"强、所"的变调易读错，变调规则如上）

第20条龙：斗（dǒu）转参（shēn）横

我深入浅出地讲解三声变调的知识：

变　调

三声的变调

1.三声在一、二、四声前，降下来后不再升上去（调值由214变21，也就是三声读一半）。如：首都　北京　老师　祖国　感情

旅行　感谢　晚饭　美术

2. 三声在三声前变二声。如：勇敢　水果　采访　领导

3. 成语练习：

（1）三声在一、二、四声前，降下来后不再升上去。

采薪之忧　马革裹尸　睹物伤情　强词夺理　强人所难
访贫问苦　返璞（pú）归真

（2）三声在三声前变二声。

返（fǎn）朴（pǔ）归真　　忍（rěn）辱（rǔ）负重

三声的变调如何才能给小孩子讲明白呢？我曾对他们说，如果不变调，脖子扭来扭去会扭断的。但这只说了变调的原因，并没有讲清如何变调。一天，我灵光一现，给小朋友讲"八国联军侵略中国"的故事，讲汉奸对外卑躬屈膝、对内耀武扬威的故事。好比三声就是个大汉奸，它向后一看，发现后面跟的是外人（一、二、四声），就吓得卑躬屈膝，蹲下去不敢起来（调值由214变21，也就是三声读一半）。三声回头一看，发现后面跟的是自己的同胞，就立刻耀武扬威，昂起头来了（三声在三声前变二声）。

一、不的变调

"一"本调是一声，"不"本调是四声。如：

表里如一（yī）　不（bù）！你错了。

四声前变二声。如：

一（yí）切（四声）　一（yí）字（四声）千金

不（bú）是（四声）　快快不（bú）乐（四声）

非四声前为四声。如：

一（yì）天（一声）　焕然一（yì）新（一声）

一（yì）年（二声）　一（yì）早（三声）　首屈一（yì）指（三声）

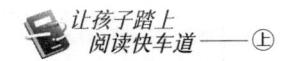

> 不（bù）单（一声） 惶恐不（bù）安（一声）
> 不（bù）行（二声） 与众不（bù）同（二声）
> 不（bù）好（三声） 长生不（bù）老（三声）
>
> 怎么讲小朋友才能记住呢？
>
> 我从讲台上跳下，又跳上，说："'一、不'后面的字跳下来（四声），'一、不'就跳上去（二声）；'一、不'后面的字不跳下来（一、二、三声），'一、不'就自己跳下去（四声）。反正'一、不'总跟后面的字闹着别扭。"

每读一本书，我都安排一次集体预习，对有一定难度的读物，集体预习的时间会长一些。《成语接龙》对低年级老师来说，有些难度，孩子不懂成语的意思，只能一个音节一个音节拼读，而不是像儿歌一样，可以根据意思猜读音，所以集体预习的时间我安排得长一些，大约用了两个星期：一是为了读准字音，而不是任由孩子自己拼错；二是为竞选"小老师"的学生提供方便，学前识字多、学习勤奋、心气儿高的孩子能在这段时间念会，从而竞选"小老师"。

新出版的《成语接龙》封底是一张表格，标明了星级达标标准：

《成语接龙》（上）评价表

龙次	拼读、指读注音成语 ★	指读打乱顺序的无注音成语 ★★	背诵成语 ★★★	认读生字 ★★★	根据释义猜成语 ★★★★	奖励
1						
2						
3						
4						
5						
6						
7						

（续表）

龙次	拼读、指读注音成语 ★	指读打乱顺序的无注音成语 ★★	背诵成语 ★★★	认读生字 ★★★	根据释义猜成语 ★★★★	奖励
8						
9						
10						

第一、二、四列都盖上印章的孩子可以当"小老师"检查辅导其他同学，老师检查时对第二列查得格外严一些，因为"小老师"的任务除了检查，更重要的是辅导，自己记不扎实，如何检查别人？为了检查方便，我打印了"打乱顺序的无注音成语"：

情窦初开　如释重负　慷慨陈词　教学相长　更深人静……

由于首尾相接，朗朗上口，小朋友背诵速度很快。背过了，但不一定认识字，这是正常现象，让他们拿一份打乱顺序的成语念一念，对照原文再强化一下成语的读音。

"小老师"边检查边记录自己查了哪个同学的哪条龙，查得多奖励多，老师会对他们的工作进行抽查，然后奖励，促使"小老师"乐于一对一教同学，学得慢的孩子就容易达到最低星级目标。

"小老师"的《成语接龙》检查记录表

朗读	背诵	认字	朗读	背诵	认字
朗读	背诵	认字	朗读	背诵	认字

被检查的学生在"检查记录表"虚线下面签字，写明检查的是第几条龙，以防"小老师"虚报。虚线上面可以写"2、3"等，表示如果同学念得不熟练，要检查第二次、第三次。"小老师"检查"拼读、指读注音成语"要严格，检查"背诵成语"可以松一些。全班学生的评价表的第一列都盖上了印章就等于完成学习任务。

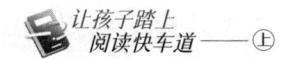

后来，我对学生的要求越来越松，有没有盖印章，我也不再追究，因为我有办法让小朋友们上课时勤奋学习。

二、边诵读边运用的高效新授课

孩子们一听音频就翻开书边指边跟读，这是在一年级刚入学时就已形成的习惯，形成了条件反射。跟读时，我尽量把声音调得小一些，提醒学生小声跟读；自己读时则要大声，让全班同学听见；全班读时又要小声，不要影响听音频。现在的噪声污染遍地都是，家里、户外噪声大，学校里也到处是声、光、电的污染。我几乎不用电脑，用音频是为了把精力放到关注学生身上。关注学生，学生才能有效学习。

下面以《成语接龙》上的成语为例说明教学方法。

更深人静　精兵简政　政通人和　和盘托出　出乎意外　外强中干　干净利落　落叶归根　根深蒂固　固执己见　见多识广　广结良缘　缘木求鱼……

低年级的教学，最重要的是强化朗读，所以《成语接龙》配了读成语的音频：

更深人静，精兵简政，政通人和……

两位同步进行"课内海量阅读"教学实验的刘维丽、寇丽君老师录制了拼读音节的音频：

请小朋友指着第166页，第16条，"更"字头的龙，跟老师读：gēng——，shēn——，rén——，jìng——，更深人静——

…………

翻到第168页，指着音节和汉字跟老师读：yuán——，mù——，qiú——，yú——，缘木求鱼——

…………

每一条龙排在四页纸上，按页码录制了四个拼读的音频文件，正好供四排学生轮读，全班学生一个不落，都有一次在全班同学面前读成语的机会，将教育公平的理念贯彻在课堂教学的每一个细节中。

我把这些音频拷在电脑上，重新排序：

1.第一条龙第一遍读词；2.第一条龙第一页拼读音节；3.第一条龙第二遍读词；4.第一条龙第二页拼读音节；5.第一条龙第三遍读词；6.第一条龙第三页拼读音节；7.第一条龙第四遍读词；8.第一条龙第四页拼读音节……《成语接龙》上册、下册各80个音频，读成语的音频复制四次，只改文件名。

以上面的成语为例，跟读一遍读成语的音频，跟读一页拼读音节的音频后，老师就选跟读最认真的一排学生逐个读这一页的成语，逐个读成语的学生会得到一到两个"小老师"印章。因为有奖励，"选择"就成了老师维持纪律的"杀手锏"，那些走神的孩子为了能得到"小老师"印章，更迫于集体的压力，也会专心跟读。

在被选中的一排学生逐个读成语的过程中，其他学生是放松的，是为了积蓄力量进行下一步的学习。逐个读成语的一排学生大部分能够大声地流利地读准成语，也有个别学生读得生疏，我就等孩子慢慢拼读音节，错了慢慢纠正，从不着急。说实话，这挺浪费时间的，我天生不是个有耐心的人，但对每一个需要反复纠正才能读对的孩子，我都很有耐心地等待，任由其他学生吵翻天。为什么？因为我采取的措施已经能使学生在听音频跟读时非常专心了，眼看着、手指着、嘴念着。专心的时间太长是会累到眼睛的，所以逐个学生读时，其他学生看哪里，都不在我的关注范围内，只要吵的声音不太大，我就不会批评，这是我有意给全班学生放松的时间。一排学生逐个读完，全班齐读这一页，拍着手读，做着各种自己想做的动作读，就权当顺便做体育锻炼了。

这一排学生逐个读完后，老师就给孩子们"讲故事"，其实并不是真正意义上的"讲故事"，而是老师设一个语境，让孩子们运用这些成语。语境要尽量取自他们的生活。比如，读了上面的成语后，让学生猜一猜：

1.韩老师因为小朋友不守纪律，把他挣的印章画掉了，妈妈问为什

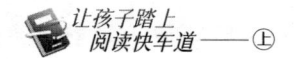

么,小朋友很诚实地告诉了妈妈那是自己捣蛋的缘故。用什么成语来说小朋友把不守纪律的事完完全全地告诉了妈妈?(和盘托出)

2.你现在好好学习,长大了挣钱资助山区失学儿童。用一个成语来说你做善事。(广结良缘)

学语言就是这样,读熟了就直接用,不需要解释成语的意思。学《成语接龙》这段时间,我们的家长在家长QQ群中热衷于玩猜成语的游戏。对最初在群中发"猜一猜"游戏的家长,我进行了回复,并天天奖励学生。各位家长:

熙晨口述能力很强,宝月理解得很对。熙晨妈妈对孩子口头作文的记录、宝月奶奶让宝月阅读熙晨讲的故事,这个过程就是口头作文和阅读的过程,这种口头作文和阅读的内容发生在学校里,是孩子共同经历的生活,是作文、阅读最好的素材。所以建议孩子讲,家长记录,再让孩子读家长记录加工过的故事,并让孩子说说应该怎么改才能表述得更有趣、更精练。这个过程就是口头作文、阅读、修改的过程。学校里发生的事情,都可以这样口头表述,猜成语只是一个方面。辛苦家长及时发到群中共享,便于家长们了解情况。家长们可以把最合适的文字印下来,或抄下来让孩子读,让孩子读他们自己身边的故事,跟着表达能力强的同学一起学习作文、练习阅读。

我根据家长发到群中的文字稍作修改:

雨鑫——第11条龙:韩老师用粉笔在黑板上飞快地从左画到右,然后说在成都武侯祠看到岳飞的草书很有气势,因为奸臣阻挡他抗金,他内心愤怒,所以写得很快。这是什么成语?再比如,我们一家人去沙漠旅游,准备的水都喝完了,我和爸爸妈妈突然看见前方有一桶水,我就飞奔过去了!大家猜猜这是哪个成语?字写得快和飞跑过去喝水说的是同一个成语。

嘉懿——第13条龙:警察抓住了作恶多端的流氓,为被流氓欺负过的老百姓都出了一口气,老百姓高兴极了。这是什么成语?

昕奕——第 15 条龙：宋朝的苏轼文章写得好，是文学家；字写得漂亮，是书法家；当徐州发洪水时，他带领百姓修大坝；在杭州，他清除西湖的淤泥，修了苏堤，他是水利工程家，是科学家……苏轼是了不起的人才，用什么成语说？

昕奕出的题，泽源猜出了答案——旷世奇才，韩老师说："张泽源你也是旷世奇才！"张泽源回答说："我才疏学浅！"

…………

家长和孩子们都猜出来了吗？雨鑫的答案是"渴骥奔泉"，嘉懿的答案是"痛快淋漓"。

奖励学生一段时间后，我把奖励的权力给了家长，这种"给"使老师不用再那么辛苦，却能享受学生的成长进步。我给每个孩子印发了一张请家长记录的表格：

成语	出题 1~2 分	答题 0.5 分	运用成语 1~2 分	在群中出题 1 分

表格下面配有文字说明：

孩子在生活中给家长出猜一猜的题和在生活中自觉运用成语的题，家长可以根据孩子表述的准确性，一个加 1~2 分。孩子回答家长或同学出的题，说对一个答案加 0.5 分。孩子在群中出题，每个 1 分。

于是，孩子学以致用的例子层出不穷：

今晚朋友的婚礼上，当主持人"祝你们百年好合"的话音刚落，儿子马上接了一句："妈妈，应该是珠联璧合，合情合理……"说完没一会儿，可能觉得前面的表达不到位，又来了一句："妈妈，应该是白头到老！"这个词表达得完全到位，迎来一片掌声！看到孩子的表现，想到韩老师的付出，向韩老师致敬！

这是一豪妈妈在我们班的家长群中发的。看到这样的文字，我能想象得出虎头虎脑的一豪神气的样子。

　　这种"跟录音读—逐个读—猜成语"的课一般安排在上午的第一节或第二节，在孩子精力最集中的时间。下午和放学前最后一节课是小孩子"坐不住"的时候。这个时候我会告诉学生"如果表现好，韩老师就讲故事"。怎么叫"表现好"呢？就是我放"读成语"的音频让学生跟读，当全班学生都能跟着指读时，我就讲绘本故事。小孩子为了听故事，跟读时精力可集中了，那真是一幅让老师心醉的画面——不但孩子们的学习效率提高了，而且我一个星期可讲三本绘本，这些绘本放回图书角后成为借阅率最高的书，促进了孩子们的自由阅读，我这个经常讲故事的老师也被孩子们喜欢上了。

　　虽然《成语接龙》中的成语理解起来有一定难度，但如果教学内容安排得当，加上盖"小老师"印章、听故事的诱惑，孩子们学习的效率真的很高。看到一群奶声奶气的"小不点儿"专心地读许多大人也读不准的成语，当老师的好开心啊！

　　孩子们可以这样学习《成语接龙》：读的姿势有，摇头、拍桌、拍手、拍腿、与小伙伴对拍等；读的方式有，男女生读、集体读、快读、慢读、对读、同桌赛读、亲子赛读、录音读、打节奏读、表演读、游戏读、利用秒表计时读和限时读、做成语接龙操读等。朱霞骏老师为此开发了16种课堂诵读模式，提高了孩子的诵读兴趣。

　　《成语接龙》上市以来，受到数十万一线教师的认可和推荐，已成为"课内海量阅读"的知名畅销书，如今经过修订增加成语闯关的《成语接龙》更受读者欢迎，在保护孩子兴趣的前提下，让孩子"背诵一首古诗，熟记千条成语"一点儿都不难。

5 天高任鸟飞

一、第 N 本读本

我向来奉行"拿来主义",畅销书《日有所诵》一直是我们课堂上的读本。《声律启蒙》的内容难度大,离现实的生活较远,但有朗读、吟诵的音频,北京新京华学校的王瑞雪老师还拷给我一个视频,帮助孩子们理解内容,加上我对吟诵有着浓厚的兴趣,一心想在教学中搞懂声律知识,于是《声律启蒙》也进入了我的课堂。孩子年龄小的时候读韵律鲜明的文字,会给将来的写作打下良好的基础。现在很多人不会写对联,这与小时候没读押韵的文字关系密切。现代人说白话、写白话,好像与会不会押韵没有关系,其实优秀的白话文同样需要节奏和韵律。

朋友一听我对声律感兴趣,找出《韵读成语》,这是一本按"寒韵、痕韵、唐韵……"排列的成语书。我虽然不懂古韵,但一念成语:"赤县神州,春色满园,绿草如茵,生意盎然,高楼大厦,美轮美奂,硕果累累,捷报频传,普天同庆,锣鼓喧天……"简直太舒服了。再看编排,大大的字,每行之间空一点点儿,小孩子的小手指放上正合适,十分利于低年级小朋友指读。每串成语后都有像《成语儿歌100首》中的单元练习——"大显身手试一试"。但《韵读成语》这本书是"成语串",不是儿歌,所以也适合中高年级学生读。

2014级学生一入学,我就把陈琴吟诵的10首诗注上拼音印发给学生。

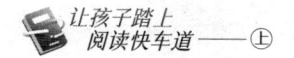

一开始教学生听陈老师吟诵的诗时,学生觉得好笑,认为不好听。我就给他们讲诗词故事,再放录音,他们就听得进去了。听了几个星期后,孩子们竟然听上瘾了,跟着录音吟得不亦乐乎。

识字、写字是阅读和写作的基础,是小学低年级的教学重点,也是令广大小学语文教师头疼的难题。为此,在尊重孩子认知规律的前提下,为做到"读识写"一体,我与朱霞骏老师、国内著名儿歌专家吴昌烈老师、"字族文识字"创始人鄢文俊老师编写了识字写字书《趣读识写一条龙》。《趣读识写一条龙》以童谣、儿歌的形式呈现,朗朗上口,趣味十足,系统地安排了29个笔画、80个部首和100个字族的学习,循序渐进,将识字、写字落到实处,孩子的识字量大幅增加,写的字越来越工整、漂亮。现摘录一首部首儿歌和一首字族儿歌,以飨读者。

开口歌	青 蛙
少字开口,	天气晴,
吵吵闹闹;	好心情。
刀字开口,	鱼儿游,
唠唠叨叨;	河水清。
向字开口,	青蛙跳,
声音响亮;	大眼睛。
宣字开口,	绿草地,
大声喧闹。	红蜻蜓。
	请来玩,
	玩开心。

口(字旁)——吵(chǎo) 叨(dāo) 响(xiǎng) 喧(xuān)

青(字族)——晴(qíng) 情(qíng) 清(qīng) 睛(jīng) 蜻(qīng) 请(qǐng)

二、彩色空心字与字理识字

通过"课内海量阅读"使学生在指读过程中无意识识字是我在低年级教学中运用的主要方式，当然，我也适当地给孩子讲讲字理。低年级学生不容易集中精力听讲，我便把生字卡片涂成彩色，一方面是为了吸引学生的注意力，另一方面是为了把字理讲得更明白。这样讲字理，就需要老师在阅读有关汉字知识的书籍后对汉字进行深入浅出的解读，可以适当为之，不能作为主要的教学内容。如：

把"嫩"左边的"女"涂成红色，因为妇女的嫩腮帮红通通的。把中间的"束"涂成嫩绿色，因为那是一"束"被捆扎的嫩草。

把"醒"左边的"酉"涂成褐色，那是酒坛的颜色。把右边的"星"涂成黄色，那是星星的颜色。我还给学生编了个故事：一个酒鬼中午喝光了整坛酒后醉倒在回家的路上，醒来时已是满天星星。

勃	春天山坡上的小草（左上角的"十"和"一"涂成绿色）和孩子（左下方的"子"涂成红色）都充满了"力"量，真是生机勃勃。
洲	三点水涂成深蓝色，与大海同色。"川"是水流的象形，涂成深绿色，与江河同色。右边的三点涂成褐色，表示水中或岸边的陆地。
琢	左边是"斜玉旁"，可以把"琢"字理解为玉上有一个斑点，加工时要把这个斑点除去。整个字与玉器有关，故主色是蓝、绿，把点涂成黑色。
登	上面的"癶"表示双脚登上山顶，接触到了蓝天，故涂成蓝色。登上山顶捡豆子，因此下面的"豆"涂成黄色。

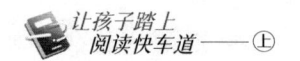

溪	在溪水（三点水涂成蓝色）中用大手（右边上面的"爫"与下面的"大"涂成黄色，与肤色相近）洗丝麻（右边中间的"幺"涂成与丝麻接近的褐色）。
婕	脸蛋红红的小"女"孩王馨婕，手（右边中间的横爪旁涂成接近肤色的黄色）脚（比"走"少一横）敏捷，经常帮助老师到总务处要粉笔、复印材料等。

三、多布几块云彩下雨

人们常说"不知道哪块云彩会下雨"。教师应该多准备几块"云彩"，因为一块云彩下的雨只能浇灌到一部分学生身上——一种识字教学方法只适合一部分学生。世界上不存在普遍适用的妙招。一年级新生是怀着对学校的向往之情走进校门的，他们期待着老师普降甘霖。

《韵语识字》对那些安静的孩子效果不错，对"治疗"多动的毛病也有一定效果。但为了使韵文尽可能多地包含生字，编者追求"文约意丰"，这使得孩子们理解韵文会有一定难度，他们更愿意读那些一听就明白意思的儿歌，更何况韵文下面的20多个生字也让有的孩子望而生畏。

班里有几个学生拼读很熟练，但他们怕认字。我不想勉强学生做他们不喜欢做的事情，如果教师的教学方法使儿童在学习过程中产生困难，使他们讨厌知识，使他们的生活失去快乐，使他们与亲人的关系变得紧张，那么，这种教学方法的意义在哪里呢？于是我告诉不爱认字的孩子，只需读熟文章即可，不必认字。在诵读中与生字"见面"的次数多了，自然就认识了。有的学生更乐于接受"诵读"这块"云彩"下的雨。

解形识字、字理识字、辐射识字……总有一种识字方法适合某一个学生，云彩多了就会普降甘霖，润泽学生。

王艺璇的妈妈借给我两本儿歌书，赵若雅的妈妈把它编排成了一本小册子发到公共邮箱中。在儿歌后面，我把生字设成特大号的空心字，家长可以引导孩子边背儿歌边用彩笔描字，然后把生字剪开摆成辐射状。对这些材料，我没有任何要求，只是给爱背诵却不爱认字的孩子提供方便，期望这块"云彩"下的雨能让一部分成长中的"小树"得到浇灌。

乔

七仙女，真娇巧娇
下车子，上花轿轿
扶木栏，过大桥桥
遇一人，是侨胞侨
骑着马，真骄傲骄

乔　娇　轿　桥　侨　骄

　　汉字是中华民族几千年沉淀下来的文化精髓，其内涵的丰富性和多义性令人称奇。但也让许多初识汉字的人不知所以，迷失在汉字丛林中。我想方设法让孩子在海量诵读儿歌中轻松识字，一边在电脑上编排儿歌一边想，我要使出浑身解数引导孩子们早一天体味阅读的快乐，激起孩子们对明天的渴望，把明天清澈、晶莹、欢畅的涓涓细流疏通到今天阅读的快乐中去。

6 低年级经典诵读起步教学

无论是读古文还是读白话文，诵读的要求都是做到正确、流利、有感情。教师的引导也都是着力于两个方面：读准字音，指导理解。对于低年级小孩子，无论读哪一类文章都应强化朗读、淡化理解，诵读有一定难度的经典尤其如此。

一、正音在先

低年级小孩子诵读经典的首要目标是把字音读准。字正腔圆地诵读才会给别人带来美感，才能让诵读的学生产生自信，并渐渐爱上诵读。我指导诵读的过程如下：

◎ 齐读 ◎

上课伊始，先让学生齐读一遍。第一，所谓"初生牛犊不怕虎"，小孩子不知道谦虚为何物，尽管读得不对、不熟，但他自认为会了，必须给他们机会先显示一下能耐。小孩子精力旺盛，让他们先活动活动嘴巴，省得跟老师抢着读。第二，齐读是组织教学的一种方式。我当了二十年班主任，一天又一天，一年又一年地要求学生做好课前准备，费了九牛二虎之力却总达不到目的。时间长了就倦了、厌了、妥协了，我不再费口舌要求学生做课前准备。铃声一响，我起个头让学生读书。孩子们便陆续进入状态，翻开要学习的课文。

◎ 示范读 ◎

听学生齐读完后，老师说："现在，听老师读，你们用手指着字。"老师示范读两遍，第一遍边读边强调易错的字音。比如读完"一粥一饭，当思来处不易"，强调"'处'是四声"；读完"宜未雨而绸缪，毋临渴而掘井"，指出"'宜'是二声，'毋'是二声，'绸缪'的'绸'是'绸'子的'绸'，'缪'读'móu'，齐读三遍'móu'"。学生读后再完整地示范一遍。如果诗文中没有易错的读音，只示范一遍即可。

◎ 齐声慢读 ◎

示范读之后要求学生齐声慢读三遍。齐声慢读是一种很有效的正音方法，对那些读不准字音的孩子来说，自己不张嘴只听别人读，当然读不会；但让他自己读又总是出错，读错了也浑然不知。在齐声慢读时，学生边读边竖起耳朵听大家的读音并自我纠正。之所以齐读三遍，一是要读正确需要反复练习；二是读三遍的时间较长，老师趁机巡视，除了示意那些不张嘴的"懒孩子"张口读之外，还要把耳朵附在那几个"南腔北调"的学生嘴边听听，一旦发现错误读音，及时纠正。

◎ "开火车"读 ◎

"开火车"读可以了解每一个学生的诵读情况。对于"一节车厢"中读错的句子，全班学生跟老师齐读三遍这个句子。"一列火车"开完后，全班三分之二以上的学生已能读准字音。但还有近三分之一的学生读不准，其中两三个学生照旧"南腔北调"。

◎ 陪读 ◎

在课堂上能稳住优秀学生，带动中等学生，还能保证少数几个"南腔北调"的学生读准字音的方法是"小老师"陪读。先让那些读音不准的学生起立齐读，全班同学当"小老师"仔细听，谁读准了让谁坐下。于是"小老师"的耳朵都竖起来了，这样既防止了那些已经会了的同学上课开小差，同时也让他们多听几遍加深印象。齐读几遍之后站着的学生越来越少，大部分都坐下当"小老师"了，最后只剩几个站着的学生，已没有

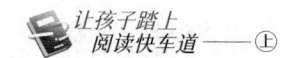

了往日滥竽充数、浑水摸鱼的自在悠闲。想起以前我累得嘴干嗓子哑，那几个"超级巨懒"却上课不张嘴、下课喊破天，现在的我终于"出了一口气"。可学生齐读错误太多，需要正确带领，于是我"招聘""小老师"。好为人师是人的天性，想当"小老师"的学生太多了，那几个"进步大"的当然被优先聘为"小老师"。我心里明白得很，那是因为他们刚刚进步，退步的可能性太大，需要强化练习。可小孩子哪里会去深究这些，他们只管高高兴兴地当"小老师"。为了不漏掉一个可能退步的"小老师"，我按座次选了四组"常务小老师"，轮流陪读。时间一长，那些坐着的学生因无事可做又开始开小差，因此还要经常找坐得最直的、眼睛注视书本的学生加入"小老师"的行列中，他们就是"临时小老师"。可怜那几个读不准的学生在这么多"小老师"陪读的"车轮战"中，累得嗓子都快哑了。我又开始心疼他们，便穿插"小老师"读，让他们也听一听、歇一歇。他们听得可认真了，因为歇了之后，还要接受全体"小老师"的检查，形势逼人啊，读不准过不了这一关。

以上各种读书方式要根据情况灵活运用。经过一年的训练，我二年级的学生中已无一个学生掉队，一周时间，他们都背过了20首古诗，人人字正腔圆。

二、简单理解

◎ 借水行舟 ◎

古典诗文以其特有的节奏韵律焕发着迷人的色彩，将它们读准确只是第一步，如何读出节奏、韵律、意境呢？对我这样没有多少古典文学功底的老师来说，最好的办法就是借水行舟——借助音频的熏陶力量。老师可以在课堂上让学生反复听音频中的古诗诵读，孩子们随着音频中的节奏摇头晃脑地读诗文。跟读几遍之后，有一部分孩子读得颇有味道。我想方设法寻找更多经典诵读的音频、视频在课堂上播放，尤其是那种带着背景音乐、画面的视频，能向学生传递语言表达不出来的意境。孩子们跟着磁带、光盘入情入境地吟诵，将经典诗文融入自己的血液中，渐渐地，那词句、那意境，萦绕在他们心头，如发于本心，愈积愈丰富，愈丰富愈自然贯通。

◎ 模糊理解 ◎

重在吟诵、不求甚解是理解经典的重要理念。低年级小孩子好动，他们不会长时间听老师逐字逐句地讲解那些深奥的知识，让他们模模糊糊地理解，效果更好。我的"模糊理解"之法有下面几种：

◇ 归类诵读

如，学习"一粥一饭，当思来处不易；半丝半缕，恒念物力维艰"时，可让学生找一找与之意思相近的语言。他们常常会找到"由俭入奢易，由奢入俭难""细水长流，精打细算""谁知盘中餐，粒粒皆辛苦"，等等。但他们脑中存储的语言杂乱无章，在大脑中是一个个孤立的点，既不便于熟记，也不便于理解运用，还极容易消失。老师要有意识地帮助学生采撷同类内容，构建语言系统。归类诵读不但能强化学生的记忆，而且能让学生融会贯通。

◇ 学以致用

我的网易博客上有一个"学以致用"的栏目，2007级学生的家长们在后面跟帖记录孩子口头运用语言的例子。从2014级学生一年级上学期诵读《成语接龙》开始，我在腾讯微博上也开设了《学以致用》栏目，家长们跟帖记录孩子们运用语言的例子。我经常从中选取一些来帮助学生理解经典文句。比如，我会把发生在学生自己身上的例子编成填空题，让学生思考回答之后再出示答案。下面是几个"学以致用"的口头填空题案例的答案。

晚饭后，妈妈收拾桌子时要把剩下的汤倒掉，尹浩全说："一粥一饭，当思来处不易；半丝半缕，恒念物力维艰！"妈妈听了说："好！我把汤喝了！"

王艺璇洗手时把水龙头开得很大。爸爸说："把水龙头拧小一点儿。"

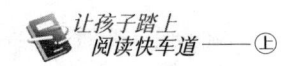

王艺璇说："真是细水长流，精打细算啊！"

宋佳怡又拽着姥爷给她买了彩笔，妈妈知道后教育宋佳怡要节俭，宋佳怡马上接话道："我知道，由俭入奢易，由奢入俭难。"

每当学习这些以学生自己为主人公的例子时，孩子们都热情高涨，"学以致用"的效果很好。

◇ 看图对照

对擅长形象思维的小孩子来说，通过看图理解经典诗文是简单易行的方法。比如《风》这首诗下面画着四幅图，我问学生第一幅图写哪句诗？孩子们看了一眼这幅图说："解落三秋叶。"由于平日"归类诵读"形成的习惯，还没有等我提问，他们又异口同声地背诵"金风送爽、雁过留声、秋色宜人、天朗气清……"作为老师的我，既欣慰，又有满满的成就感。

三、一年级下学期课堂纪实

一年级课堂以读为主，简单得无法上公开课。但小孩子稍学一些简单的古文就能上出非常漂亮的公开课。下面是我在全市"主题学习"会议上一节公开课的部分课堂实录：

（一）"开火车"口头填空

第一张投影是口头填空题，按座位"开火车"回答，每个学生回答一行。

紧跟着出现带答案的投影，全班齐读。

一箭双雕	悬崖勒马	火中取栗	削足适履
缘木求鱼	蚍蜉撼树	螳螂捕蝉，黄雀在后
醉翁之意不在酒		鹬蚌相争，渔翁得利

这是《成语儿歌100首》中带答案的口头填空题。

《小学生拼音报》提供了_____的知识，给我带来了_____的快乐。它是我生活中不可缺少的_____。每当《小学生拼音报》发下来，我总是_____地展开报纸，从头到尾看起来。我_____地欣赏优美的文章，_____地积累美妙的词句。这种读报的充实和愉悦_____。我对《小学生拼音报》_____。

这是《小学生拼音报》中的口头填空题。

　　一粥一饭，_____；半丝半缕，_____。宜未雨而绸缪，_____。
　　由俭入奢易，_____。少成若天性，_____。

这是《国学启蒙》中的口头填空题。

　　学习硬笔书法要有_____的精神。在取得成绩的同时，不要沾沾_____，盲目_____；在没有明显进步时，也不要_____。

这是与教材配套的《写好铅笔字》中的口头填空题。

　　燕雀安知鸿鹄志，_____。鹬蚌相争，_____。城门失火，_____。
　　_____，定卜燕山五桂芳。_____，大海终须纳细流。
　　家丑不可外传，_____。鬼神可敬不可诣，_____。

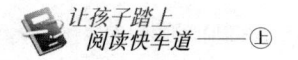

这是《国学启蒙》中的口头填空题。

> 年方少，勿＿＿＿＿＿＿；饮酒醉，最＿＿＿＿＿＿。
> 步从容，立＿＿＿＿＿；揖＿＿＿＿＿，拜＿＿＿＿＿。

这是《弟子规》中的口头填空题。

（二）老师提问题，同学们用自己的话或者学过的知识回答

大家在一个班学习免不了相互比较，同学之间要比什么？

惟德学，惟才艺，不如人，当自励。若衣服，若饮食，不如人，勿生戚。

大家同在一个教室里学习，同读一本书，学习的效果一样吗？

蚕食桑，而所吐者丝也，非桑也；蜂采花，而所酿者蜜也，非花也。读书如吃饭，善吃者长精神，不善吃者生疾瘤。

为什么效果不一样？怎样做效果好？

不怕慢，就怕站。

笨鸟先飞，大器晚成。——勤奋努力

闻鸡起舞。

两耳不闻窗外事，一心只读圣贤书。

一年之计在于春，一天之计在于晨。

成事立业在今日，努力请从今日始！

《长歌行》：少壮不努力，老大徒伤悲。

少年易学老难成，一寸光阴不可轻。一寸光阴一寸金，寸金难买寸光阴。

《照镜见白发》：宿昔青云志，蹉跎白发年，谁知明镜里，形影自相怜。

《今日歌》《昨日歌》《明日歌》

劝君莫惜金缕衣，劝君惜取少年时。花开堪折直须折，莫待无花空折枝。

昼坐惜阴，夜坐惜灯。读书须用意，一字值千金。

宁舍一锭金，不舍一年春。

读书法，有三到。心眼口，信皆要。方读此，勿慕彼。此未终，彼勿起。

宽为限，紧用功。工夫到，滞塞通。心有疑，随札记。就人问，求确义。

我和同学们经过一年的朝夕相处，我觉得我们班每一个同学都是好孩子，因为大家都很诚实，有错就承认，就改正。我们班的书都是同学们自借自还，从来没有图书管理员，大家会自觉去填写借书卡。有的同学把书弄丢了，马上告诉老师，然后再买一本补上，一学期结束了，图书角里一本书都没有少。老师喜欢大家，喜欢我们班每一个同学，喜欢我们这个班集体。因为你们都是诚实的好孩子，同学们懂得许多诚信做人的道理，把这些道理说给大家听听：

若要人不知，除非己莫为。

凡出言，信为先。诈与妄，奚可焉？

话说多，不如少。唯其是，勿佞巧。

事非宜，勿轻诺。苟轻诺，进退错。

得人一牛，还人一马。老实常在，脱空常败。

许人一物，千金不移。一言既出，驷马难追。

季布的故事"一诺千金"。

心口如一，童叟无欺。人有善念，天必佑之。

王健龙的妈妈在给老师的回信中说家长叫他干什么，王健龙马上就去做，为什么，健龙？（父母呼，应勿缓；父母命，行勿懒）孝敬父母长辈的道理你知道多少？

在家敬父母，何必远烧香。

孝当竭力，非徒养身。

慈母手中线，游子身上衣。……谁言寸草心，报得三春晖。

同学们热爱学习、诚实守信、团结友爱，美中不足的是有时为了一点儿小事就打架闹别扭，那可真是针尖对麦芒——？（学生齐诵：尖对尖）你来告诉打架的同学相亲相爱共同进步的道理：

鱼帮水，水帮鱼。

土帮土成墙，人帮人成城。

人心齐，泰山移。

只要桨划齐，不怕浪花急。

一块砖，难垒墙；一根杉，难盖房。

众人拾柴火焰高。

责人之心责己，爱己之心爱人。

严于律己，宽以待人。

闻过怒，闻誉乐，损友来，益友却。

闻誉恐，闻过欣，直谅士，渐相亲。

君子之交淡以成，小人之交甘以坏。

三人同行，必有我师，择其善者而从之，其不善者而改之。

财物轻，怨何生。言语忍，忿自泯。

能亲仁，无限好。德日进，过日少。

刻薄语，秽污词。市井气，切戒之。

好言难得，恶语易施。

彼说长，次说短。不关己，莫闲管。

见人恶，即内省。有则改，无则警。

凡是人，皆须爱。天同覆，地同载。

己有能，勿自私。人所能，勿轻訾。

勿谄富，勿骄贫。勿厌故，勿喜新。（不能嫌贫爱富、喜新厌旧）

人有短，切莫揭。人有私，切莫说。

静坐常思己过，闲谈莫论人非。

道人善，即是善。人知之，愈思勉。

扬人恶，即是恶。疾之甚，祸且作。

善相劝，德皆建。过不规，道两亏。

凡取与，贵分晓。与宜多，取宜少。

得人一牛，还人一马。老实常在，脱空常败。

将加人，先问己。己不欲，即速已。（诸葛亮为什么坚持骑那匹不吉利

的马呢？——己所不欲，勿施于人）

别人性情，与我一般。时时体悉，件件从宽。

恩欲报，怨欲忘。抱怨短，报恩长。

同学们现在一起学习，一起游戏，多么快乐，但六年以后，大家可能到不同的中学、不同的班级上学，你们会背诵古人的哪些诗来表达同学之间的友情呢？

《送朱大入秦》：游人五陵去……

《黄鹤楼送孟浩然之广陵》：故人西辞黄鹤楼……

《送杜少府之任蜀州》：城阙辅三秦，风烟望五津。与君离别意，同是宦游人。海内存知己，天涯若比邻。无为在歧路，儿女共沾巾。

《过故人庄》：故人具鸡黍……

《送元二使安西》：渭城朝雨浥轻尘……

《别董大》（其一）：千里黄云白日曛，北风吹雁雪纷纷。莫愁前路无知己，天下谁人不识君？

《送友人》：青山横北郭……

《金陵酒肆（sì）留别》：风吹柳花满店香，吴姬（jī）压酒劝客尝。金陵子弟来相送，欲行（xíng）不行各尽觞。请君试问东流水，别意与之谁短长？

《赋得古原草送别》：离离原上草，一岁一枯荣。……远芳侵古道，晴翠接荒城。又送王孙去，萋萋满别情。

《山中送别》：山中相送罢，日暮掩柴扉。春草明年绿，王孙归不归？

《赠汪伦》：李白乘舟将欲行，忽闻岸上踏歌声。桃花潭水深千尺，不及汪伦送我情。

《增广贤文》：酒逢知己饮，诗向会人吟。相识满天下，知心能几人。

…………

活泼好动是小孩子的天性，他们没有耐心听老师讲，听同学回答，时间稍微一长，他们就坐不住。想让他们把精力集中到学习上，最好的办法

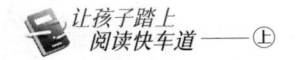

是让学生当主角，他们的嘴经常活动活动，同时达到复习的目的，所以上课伊始，"开火车"逐个读后紧跟着齐读。

　　孩子们的回答，有的引用了《弟子规》《好妈妈儿歌400首》中的句子，那是我们上课集体学过的；有的引用了古诗，那是部分"能飞的学生"自己课外读的。这是一节复习类型的公开课，在大大的舞台上，面对上千名老师，读书少的孩子有"开火车"回答的机会，读书多的孩子有抢答的机会。我只是简单地提一个问题，孩子们你诵我背，好不热闹，一个孩子起个头，许多孩子站起来背诵。家常课的知识含量虽然没有这节课高，但一以贯之的理念是学生是课堂的主人，课堂是学生的舞台，老师不能喧宾夺主。

第四章

语文课本的教学

如何在小学低、中、高年级两个星期完成语文课本的教学任务？写字教学的方法如何高效实用？怎样应对考试？

1 引 言

  一年级上学期前学两个月的海量练习拼读之后，全班学生的拼读速度提上来了，再读课文已不太困难。一年级的课文很短，把整本书的课文音频听一遍才不到半小时，所以一年级上学期完全可以用两个星期的时间完成课文的阅读教学任务，但学生书写生字的速度却很难加快。

  到二年级时，学生已认识常用汉字，拼读的速度更快，朗读课文对学生来说已轻而易举，二年级要求书写的生字数量很多，也不容易提速。所以一、二年级学生的书包内要装两本课堂共读的书，一本是课本，一本是课外书，课本主要是为了让学生照着书上的笔顺写字。

  到了三年级，学生已掌握了字的笔顺，可以请书法规范的人把个别笔顺易错的字一笔一笔拆开，写成字帖复印给学生临摹，这样就可以用两个星期的时间完成课本的阅读教学，然后把课本放在家中，以后只写"看拼音写汉字"的练习和课本要求写的作文，书包中只放一本课堂共读的课外书即可。

2

低年级课本的阅读教学要淡化理解、强化诵读

一、蹒跚学步的一年级上学期

低年级语文课本的教学只有一年级上学期特殊一些，因为有的孩子学前识字少，拼读速度很慢，还不具备自学的能力，所以课本的阅读教学安排在 11 月，在小朋友稍微有一定的拼读基础时再学。从一年级下学期开始，就都在开学初先读课本，然后再一边读课外书一边写字。2007 年那一届一年级的课本教学，我还慢一些。2014 年，方法更得力，用两个星期的时间我就完成了课本的阅读教学。

◎ 2007 级一年级上学期的教学 ◎

2007 级学生的教材是苏教版的。刚开始写一课的生字要用三天时间，要反反复复地练习。笔顺、笔画、握笔姿势、写字姿势……写字教学的细节很多，阅读应该先行一步。只有尽快形成一定的阅读能力，孩子们能自己读书了，课堂才能安稳下来。

于是我以两天一课的速度练习写字，同时以一节两课的速度练习阅读。课文比儿歌篇幅长，学生阅读有一定的困难，老师先示范读。北海学校的教室里有话筒，第一遍示范读我不用话筒，让孩子们用手指着课文静静地听，力求在教室里创设一个相对安静的环境。第二遍、第三遍我对着话筒大声读，学生跟着小声读。然后学生自己读，我在教室里转来转去地听，

发现谁能合上书当堂背诵我就俯耳过去听,听完在学生的书上盖印章。背完一篇再背下一篇,有了正事干,在课堂上玩的学生越来越少,捣蛋的孩子就显得与这个好学上进的集体格格不入,他们渐渐地也捧起了书。

苏教版课文后面的二类字是带拼音的,不方便认读。我给学生打印了一张不带拼音的生字表,生字是从课文中找的,比教材中要求的二类字数量多一些,并标有页码。如:

第58页:亭 座 枝 烟

第60页:闹 做 餐 操 升 旗 刷 洗 穿 起 钟 床 用 阳 台

学得快的学生不但背诵了课文,而且认读了这些生字,学得慢的学生能按进度读熟课文就可以了。这样学生各尽所能,人人有事做。我发现一年级的学生个个是背诵天才,但有小部分学生认读汉字很困难。不论是按课标要求的识字量进行教学,还是像我这样大量识字,每个班总有十几个学生识字较困难。于是我在课堂上渗透字理知识,还给家长印发了一部分,期望通过一对一的教学使每一个孩子都能闯过"识字关"。下面是我发在博客上的文章:

字理识字

有的孩子不喜欢认字,认得慢忘得快。常用的独体字和偏旁部首,请家长给孩子反复讲解。学习不排除"死记硬背"。等孩子认识了一部分独体字之后,再认读形声字就容易多了。不具备最基本的汉字知识,老师的教法再巧妙也无济于事。我曾苦读《说文解字》,能写一部分象形字,但有的孩子上课精力不集中,用什么办法也难出效果,我把一部分汉字的教法印发给家长,请家长一对一地教自家识字慢的孩子,或许效果会好一些。

给初学汉字的一年级小孩子讲字理知识要遵循一个原则:用学生熟悉的字的部件来记忆生字。比如:用"奔'走'(辶,走之底)相'告'自己的创造"来解释"造"这个字效果不好,因为"告"是学生没学的字,用生字解释生字,学生还是很茫然。不如这样解释:"拿着自己创造的小发明边'走'(辶,走之底)边张'口'告诉人家。"识字少的孩子也认识

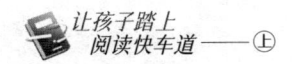

"口"字，用熟字解析生字的字理能给学生留下印象。再就是用彩笔写生字卡片，用不同颜色标记生字的部件。为了激发孩子动手动脑的兴趣，可打印楷体空心字，让孩子用彩笔描画要求他们记忆的部件，描画的这些部件是孩子熟悉的、会写的。

我举这些例子是为了抛砖引玉，相信家长会想出更多识字的妙计。

例：第一册语文课本上的生字

第60页——

闹：把"市"场搬到家"门"里，太闹了。

穿：古人把兽皮用"牙"咬个洞"穴"，套到身上当衣服穿。

起：自"己"起立向前"走"。

床：在"房（广）"里放块"木"头当"床"用。

脸："一""人""一"张脸，每人脸上都有肉（"月"肉旁）。

刷：用毛"巾"刷不干净换"刀（刂）"刷。

操：动"手（扌）"做操时要张嘴喊"口"令，夏天最好在"树（木）"荫下面做操。

洗："先"用"水（氵）"洗。

做："十""口""人（亻）"都做工。

餐："人"动"手（又）"拿饭吃早餐。

阳：红"日"照在山上（阝，左耳旁躺下是山的形状，与山有关），阳光遍地。

第68页——

宝："玉"是宝物，藏在"房（宀）"里。

脑：身体（"月"肉旁）中用来思考的部分，"文"化知识从这里产生。

双：一只手"又"一只手，"双"手一个模样。

思：找个清静的地方，到"田"里用"心"思考。

创：一个"人"用"刀（刂）"创作艺术品。

造：拿着自己创造的小发明边"走（辶）"边张"口"告诉人家。

至于课文一、二年级的课文短，小孩子读熟的时候就差不多记住了。

低年级课本的星级标准如下：

一星级★：朗读课文。

二星级★★：背诵课文。

三星级★★★：认读打印出来的字词。

阅读教学的速度快，书写生字的速度慢，于是穿插进行课外书的集体共读，课外书的选择和阅读见本书第三章。2007级学生读的是玄老汉的《好妈妈儿歌400首》，这各100首成语、俗语、谚语、歇后语儿歌给孩子们带来很多快乐，这400个儿歌题目也常被运用到他们以后的作文中。

◎ 2014级一年级上学期的教学 ◎

2014年教一年级时，我拒绝公开课，但欢迎家长进课堂，课堂上几乎天天有护导的家长，因为家长观察的角度和老师不一样，家长观察的是老师是否关注了孩子，老师在教室里是如何维持纪律的，那些捣蛋的孩子是如何让老师手忙脚乱的……所以家长在教室里时，老师呈现的就是一点儿不加修饰的常规课。而老师们听课，喜欢的是别出心裁的教学形式，感兴趣的是这种教法符合什么教育新理念，期盼看到授课老师的教学功底深厚。简而言之，家长们希望看到孩子们学得好，老师希望看到授课老师讲得好。其实，形式、理念、功底等在语文的实际教学中作用有限，所以，尽管我下功夫啃过《说文解字》《字理识字》等书，但面对很难集中精力听讲的一年级小孩子，我几乎不讲这些深奥的知识。一年级语文的教学特点就是一句话：多读书，少说话。只要能抛开烦琐的理解少说多读，能有效地维持纪律，从而做到少说多读，一年级上学期用两个星期时间完成课本的阅读教学任务很容易。一年级的课文实在是简短，整本书的音频半个小时就能听完。2014级的一年级学生少说多读的结果是，除拼音教学外，我用不到两个星期的时间把课本的阅读教学任务完成了。

第一天学课文，先把整本书的音频完整地放一遍，以后哪天的语文课多就再放一遍整本书的音频。听几遍音频之后，孩子对课文的大意就有

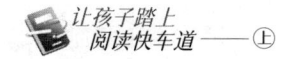

所了解了，因为课文的意思很浅显，不用讲解小孩子都明白。教学的难点是孩子的学前基础差别很大，学前识字多的孩子读课文轻而易举，听两遍音频之后，自己再花一两天时间就能把整本书读熟，就可以找老师检查整本书了；而拼读慢、识字少的孩子读熟一首儿歌都很困难，他不具备自己读一篇文章的能力，读顺一点点儿就"嘚瑟"得不行了，就非要找老师检查，即使性情文静的孩子也是这样。对这些孩子，不能抽查，因为他们拼读的错误较多，老师实在无法一一检查。于是，教室里一片混乱，学前基础好的学生因为会读了而坐不住，学前基础差的因为不会读也坐不住，所以集体教学很难适应全体学生。而一对一的辅导效率非常高，但家长下班后一对一辅导不了多长时间，小孩子就睡觉了。如何把一对一辅导搬到课堂上呢？合作学习在低年级也不管用，小孩子眼中只有自己，老师倡导同桌一起读，他们听而不闻。怎么才能让识字多的孩子乐于教同学读书呢？我先刻了20个小印章，有数字，也有红旗、五角星、苹果等简单的图案。

红旗、五角星、苹果等图案

我想到那些乐于"管"别人的孩子，大概都有做"小老师"的强烈愿望。于是我到处搜索带盖的小盒子，在里面放上一块海绵或布，倒上印泥油，就做好了一个小印泥盒。然后找合适的自封塑料袋，用记号笔写上与印章图案相同的标记。那些识字多的孩子两天就把整本书或读熟或背过了，然后领到一个装有印章、印泥的自封塑料袋。"大印"到手，"小老师"们十分兴奋，把玩不止，有的很快把自封塑料袋玩破了，有的把记号笔写的标记抹掉了。于是我把每个塑料袋封口处的突起部分剪掉一小块，有意让袋子稍微漏点儿气，以免小朋友封口后一压，袋子里面的空气就会把塑料袋鼓破。用记号笔写好标记后，再用透明胶粘一粘，一方面可以使塑料袋更结实一些，另一方面可以防止把标记抹掉。

于是早读、午练时间和每节语文课的后半部分，"小老师"坐在自己座位上，学生下位找"小老师"盖印章。因为识字多、勤奋学习而竞选上"小老师"的孩子手持"大印"检查别人，颇有成就感；识字少的一天盖了数个印章，也很有成就感。教室里好像很乱，但主动学习的孩子明显多了。小孩子都有强烈的上进心，只有一对一检查，让他们努力的结果立刻得到肯定，他们才会爱上学习。20个"小老师"，人数足够多，全班52个学生，有坐在自己座位上自学的学生，有20个"小老师"一对一检查，于是，课堂上就很少有贪玩的孩子了。本来，我自己也认为在一年级上学期用两个星期时间读熟课文不现实，打算慢慢读，计划读三个星期或一个月。但学课文的第一个星期，孩子感冒的多，我就把重点放到写字教学上，班上人数少时，老师有精力检查学生的笔顺正确与否。学课文的第二个星期，我把精力放到了课文的朗读上，打算先读熟课文再写字。但没想到，星期一我接到聊城大学的通知，要我去参加两个星期的培训，那我就必须尽快结束正在进行的教学内容，不要把尾巴留到培训回来。

学课文那几天，上课集体学习的内容主要有两项：1.听音频。这种标准规范的音频一定要海量地听，孩子才能读得规范；2.除"小老师"之外的学生一人读一段，让每个孩子都有展示自己的机会。读得基本正确，我就在学生的"印章表"上盖一个"小老师"印章，他们很开心！到星期三下午放学，我给家长分别发了如下飞信：

××没有读完课文，但也差不多了，请家长今天晚上把没盖印章的课文听一听、教一教，听孩子念熟了就在题目旁写上"会念了"，家长的签字也顶一个印章。请说明一共多少个印章（从44页起，包括家长写的"会念了"），明天早上尽量让孩子稍早一些到学校（我7:40到教室），我抽查后让孩子领奖，孩子可以受到鼓励。

××已读完整本语文书，真棒！下个星期读《成语接龙》也要多挣印章啊！加油！

××已背完整本语文书，真棒！下个星期读《成语接龙》也要多挣印章！加油！

××已读完整本语文书并当上"小老师"，成为韩老师的小助手，真棒！下个星期读《成语接龙》也要多挣印章啊！加油！

××已背完整本语文书并当上"小老师"，成为韩老师的小助手，真棒！下个星期读《成语接龙》也要多挣印章啊！加油！

星期四上午，全班学生都读熟了课文，课本上要求认识但不要求会写的二类字，有一部分孩子不会读，但没有关系，继续阅读，常用的2000个汉字都会在阅读中掌握的。

下星期要学习《成语接龙》，"小老师"的竞选工作提前开始，已经有部分学生通过了检查，成功当上《成语接龙》小老师。周四、周五又掀起竞选"小老师"的高潮，有的小朋友为了当上"小老师"，主动地、拼命地学习，有几个学前识字不多的孩子也竞选上了"小老师"。看，让学生做"小老师"的力量有多大！后来，我从网上订了几十个不用印泥的印章，使用方便，图案漂亮，加上原来刻的，加上家长自己订购的带有孩子姓名的印章，足够全班学生每人一个。每学一本书，我都先列出当"小老师"的最低条件，比如，学习《韵语识字》时，会认两个单元的生字，就能当上"小老师"。但这个"小老师"只能检查他已被盖上印章的两个单元，自己不会的单元不能检查。所以为了取得检查别人的资格，"小老师"要不断地学习，先变"优秀"才能当"小老师"。这真是一举三得的好事：一是分担了老师检查的压力，让老师不用天天面对一长队的学生；二是学生在检查别人的过程中，能复习巩固已学的知识；三是当"小老师"的愿望成为孩子们自觉学习的强大动力。

说明：在2014级学生一年级上学期学习《成语接龙》的过程中，我发现学生在一年级上学期就学习《成语接龙》有一定难度，所以不建议老师们在一年级上学期就教学《成语接龙》。

二、渐行渐稳的一年级下学期

◎ 苏教版教材的学习 ◎

下面是2007级学生学习第二册苏教版教材的记录。

春节之后，我明显感觉到孩子们的阅读能力增强了许多，三分之二的学生听两遍录音再自己练习两遍就能熟练朗读课文。在阅读之路上，他们渐行渐稳。

开学第一节课，集中识字一至四课，四课一起学习。先让学生跟着录音读，为的是读准字音；然后老师对着话筒读，学生跟着小声读，为的是尽可能多地给学生"字正腔圆"的熏陶机会，从而提高全班学生的朗读水平；接下来是"开火车"读，为的是让每一个学生都能读准字音；最后让学生自己有声有色地读。然后教笔顺，写字。先让学生把课本上的字拆开来，然后用手指在桌上画，再一边看黑板一边书空。大部分熟悉的部件，书空一遍就行了。"桃"字右边的"兆"是第一次写，多书空几遍，师生一边念"一笔撇、二笔点、三笔提、四笔竖弯钩、五笔撇、六笔点"，一边用手指在桌上画，越念越快，越画越快。学生眼里闪着兴奋的光，晃动着脑袋，把画字当成了玩耍。我喜欢的就是学生这种学习状态，也跟着张嘴念，挥手画。再以后，不用我提示，一说书空生字，这种既动手又动嘴还要动脑的"好玩"的学习过程就"自动"开始了。

第二天学习《春笋》《雨点》。《雨点》是一首儿童诗，学生先自己读，再"开火车"一人读一句；然后听录音，听着背景音乐想象着课文描绘的画面读；最后看着我的动作读，我眼睛一闭，头一歪，学生就说："雨点儿落进池塘里，在池塘里睡觉。"兴奋的声音此起彼伏。我说："小雨点儿正在睡觉，别吵醒了我。"孩子们轻轻地说："雨点儿落进池塘里，在池塘里睡觉。"我跳起，孩子大声地说："雨点儿落进海洋里，在海洋里跳跃。"许多孩子蹦离了凳子，好开心！学生的目光大都脱离了课本，哈哈，他们已经背完课文了。我没有指导一个字，学生就把课文背完了，语感也有了，

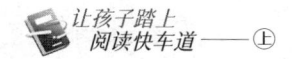

兴致勃勃的学习状态也有了，我不费吹灰之力，不容易达到的教学目标都完成了。最后同桌之间一个做动作，一个背诵，教室里更热闹了！我乐得咧着嘴瞅瞅这个看看那个，学生们似乎是一片茁壮成长的小树苗！

　　第三天、第四天学习《小池塘》《春到梅花山》《草原的早晨》，早上照样不遗余力、不露痕迹地引领学生朗读课文。这三篇课文较长，首先还是形式不同的"读"，读熟的就背诵，别让学生闲着——那些精力充沛的孩子一闲着就闹腾。然后是听同桌读，互相纠正，争当"小老师"。最后展示小组"互帮互学"的结果：能背诵的一人背一句（短的段落可以一人背一段），声音响亮、背诵有感情的给小组加分。这样，那些没读熟的学生可以多听几遍。比赛完背诵再找学困生读，读得好就给小组加分，学困生也有为集体争光的机会了。这样不管优生还是学困生都在不停地读着，每个人都有紧迫感，哪顾得上玩呢！语感就是这样"读"出来的，被薛炳群老师称为"小天才、播音员"的上届学生也是这样一篇篇"读"出来的。我就这么"悠然自得"地领着学生四天学了9篇课文。

　　第四天、第五天，我打开录音机让学生往下听课文录音，听一遍自己念一遍，这样又"预习"了两个单元。尽管我的教学速度已经够快了，但还是有不少学生"吃不饱"，这样集体"预习"一遍是为了方便他们超前背诵。学得最快的吴静琨、田欣怡两位同学用不足两个星期的时间就背完课文并认完全册生字。开学三个星期后我班结束了课本的阅读教学。在这三个星期中，有的学生急着背诵，背诵的速度比集体教学的进度要快；有的孩子先忙着看课外书，不急不慢。我对背诵的量没有规定，阅读能力强的孩子拥有相当多的自由，因为我重点关注那些阅读能力弱的学生。我的教学目标是：全班学生都按进度把课文读熟。至于哪个孩子背诵到哪里，那是教完整本书后我才关注的事情。第三周的周一，半数学生提前背诵完整本书。那些不急不慢的孩子感受到了压力，也暂时把阅读课外书的精力转移到背诵课文上来，好在他们个个是背诵天才，只要读准了，读熟了，背诵轻而易举。第三周末，全班学生无一例外能背诵全册课文，第四个星期结束时全班55个学生认完了课本上出现的所有生字词，最慢的两个学生到第五个星期也认完了全册的生字词。我们用一个多月的时间百分百地完成了语文课本的阅读、识字任务。至于写字教学的提速只能是"小打小闹",循序渐进,孩子的年龄特点决定了写字教学要按部就班进行。

上学期有五个学生没有认会课本上的生字。无论我如何想办法,如何软硬兼施,到放寒假时,那五个学生还是没有能力认会,但没想到那五个学生到了下学期突然"开窍"了。这显然是大量阅读的作用,在具体的文本中,孩子们一次又一次与生字见面,虽然没有特意观察字形,但见面的次数多了,自然就认识了。

◎ 人教版教材的教学 ◎

2007级学生是把人教版教材当课外书共读的。

5月,学习人教版第二册语文课本(从高年级学生那里借的,作为课外阅读读本),只读熟课文即可,不需要写生字,于是"两周学完一本教材"在一年级下学期就做得到:先给学生听录音;然后学生自己读课文,我再个别提问;最后全班一起讨论一个问题。一篇课文就学完了。

我提的问题具备两个特点:一是简单,绝大部分学生能答出来,差点儿的学生想一想也能答出;二是总领全文(提领而顿,百毛皆顺)。做到这两点看起来难度很大,需要耗费诸多精力备课,其实不然。我备课是一气呵成的:读几遍课文,把生字词输到电脑上,印发给学生,再揣摩一下重难点。此后,直到上课前课本就再也没有翻开过。备课简单,教课也简单。

这天学的是《咕咚来了》。学生自读时,我照旧转来转去,先问:"你读了这篇课文懂得了什么道理?"学生大多照本宣科:"'咕咚'是木瓜掉到水里发出的声音……"——这个问题深了。我又问:"你喜欢哪个动物?"刘宇航回答:"我喜欢小鹿,小鹿身上长着花。"他的同桌不问自答:"我喜欢小兔,咕咚一声响就把它吓跑了,它实在太好玩了!"——这个问法偏了,再换个问法:"你应该向哪个动物学习?"

"我要学习小野牛,人家都被吓跑了,它却不跑,它胆子大,勇敢。"

"我也学习小野牛,大家都惊慌失措,只有它不慌不忙。"

"我也学习小野牛,古代有'三人成虎'和'曾子杀人'的故事,说

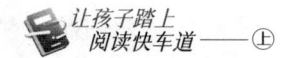

的人多了大家就都相信了，但小野牛不盲目跟从，它很有主见。"

"小野牛先问大家为什么跑，再回湖边看，先调查清楚再行动，这样不会有危险。它不但胆子大，而且心细如发。"

孩子们各抒己见，调动了平日的积累，谈得有文采又有深度，大大出乎我的意料。

教一年级学生的感觉如同哺育一个婴儿，学生的阅读能力每天都在提升。《小学生拼音报》《日有所诵》《弟子规》《增广贤文》都是我班语文课堂上的"教材"，一年级结束时，中等水平的学生能认识2000多个汉字。写完作业后的自由阅读成为我班一道亮丽的风景，孩子们已在白纸黑字中找到了快乐。

晚饭后，妈妈在看书，吴静琨要妈妈帮她拿杯子，叫了几声，妈妈都没有听见，她跑过来说："妈妈，你可真是'两耳不闻窗外事，一心只读圣贤书'。"

高怡恬在家绘声绘色地讲述学校里发生的趣事，爸爸说："恬恬，你长大后考北京电影学院吧。"高怡恬立即回答："我不当演员，因为'人怕出名，猪怕壮'。"

周六宋佳怡参加英语大赛，抽完签以后，爸爸说："既然你抽到了二号，那就把开篇的自我介绍改一下吧。"佳怡很不情愿地说："你这不是'临渴掘井'嘛。"

…………

类似的小故事，家长在我的博客上发了几百条，我的一年级学生虽然不会"下笔成文"（没提倡写），但个个"出口成章"，这都是大量阅读的功劳。

就这样，我们班的阅读、识字教学明显提速，到一年级结束时，学生平均识字量超过2000字。当小孩子在短短的一年内认识了常用汉字，能轻松阅读小故事时，他们惊奇地发现，原来白纸黑字上的这些符号蕴含着这么有趣的故事，就不知不觉地爱上了如同魔术一样神奇的文字符号。他们小小年纪就能自己独立做一件事情——阅读，多么自豪！多么快乐！于是，我的学生们个个爱读书，他们人生奠基工程中承载重量最大的基石已结结实实、稳稳当当地铺好。

二年级语文课本阅读教学的速度、形式和一年级大同小异。

3 中高年级课本教学

"海量阅读"的学生在低年级经过了大量的朗诵、背诵训练，到了二、三年级，所有学生拿到语文课本就能流利地朗读，用两个星期时间学完课本成为轻而易举的事。如果没有单元考试的压力，就两个星期完成课本的阅读教学，除课本上的一类字、课本要求写的作文还要慢慢写外，中间有两到三个月的时间，阅读的内容都是课本以外的书。一直到期末考试前再做各种题型来备考。语文课本的教学中高年级基本是一样的，不一样的是高年级课文长，两个星期学完课本反而不如中年级轻松。

下面以苏教版第六册、第七册的备课及上课为例来说明中高年级课本的教学。

一、夯实基础的备课

苏教版第六册课本的备课有三方面的内容，除一年级外，第三至十二册的备课都是这三大块，大同小异。

◎ **课文口头填空** ◎

如《庐山的云雾》一文的填空：

景色_____的庐山，有高峰，有幽谷，有瀑布，有溪流，那_____的云雾，更给它增添了几分_____的色彩。在山上游览，似乎随手就能摸到飘来的云雾。_____山道，常常会有一种_____、_____的感觉。

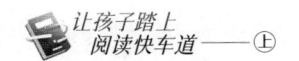

这样的口头填空题最多，目的是背诵词语和表现力强的句子。嵌在文中背诵，能达到记忆与理解课文的双重目的，当然"理解"不要求深刻、准确，模模糊糊即可。

这一课写庐山云雾的_____之美，表达了对_____的热爱之情。

这是我深恶痛绝的一类题目——填写课文主要内容和中心思想。但常规书面测试卷上，这是常见的题目，只不过有时候改头换面，变成问答题、选择题等。其实"海量阅读"奉行"不求甚解"，只会提高学生的理解能力，不会阻碍学生理解能力的提升，有的学生在答卷过程中不能用准确的语言表达对文章的理解，那只是暂时的，或是因为"粗读"的数量不够，总有一天，我们会发现孩子"豁然开朗"。但眼前，我先解除"后顾之忧"——为了学生的考试成绩不受影响，我先出这样的题目，并配有答案。

从下列词语中选择合适的答案：

一泻千里　云遮雾罩　流连忘返　气象万千　风云变幻　奇峰异岭　若隐若现　腾云驾雾　飘飘欲仙　白云苍狗　瞬息万变

根据意思说成语：

_____：形容景色和事物多种多样，富于变化。

_____：比喻世事的变化无常。

…………

成语运用猜一猜：

你实话实说就行了，不要_____地兜圈子。

时至今日，会议筹备情况仍是_____，甚至连邀请哪些国家与会都不清楚。

…………

每个单元后面都跟着这样的词语练习。

大部分学生能在开学两周内完成口头填空题的背诵，基本和"两周学完课本"同步。

"课文口头填空"学校不印,方便打印的家长经常多印一份给其他同学。有的家长哄孩子早早背过,让孩子一开学就通过检查,孩子就把这些材料借给同学用,既节约又助人,也是"低碳"理念的践行方式。每一册书的"课文口头填空",我都在开学前早早准备好,在发给家长的同时也发给同事,同年级的老师可以改成PPT课件用,节省大家的时间。

◎ 根据拼音写汉字 ◎

郑丽萍拷给我一个注音软件,春节前后,我整理"根据拼音写汉字"练习。这项练习我一向重视,既练习拼读,又练习写字,是一项常规练习。因为这项练习,我在一年级用三个星期就结束了拼音教学,也没有让学生留下不会拼读的后遗症。我常常观察阅读能力弱一点儿的学生,很高兴看到他们能独立拼出字的读音。与"课文口头填空"一样,也是"练习"与"答案"配套。

所谓"答案"就是"词语表",下面是苏教版第六册第146页的词语表,一个生字组了两个词。

挥舞　发挥　舞蹈　舞曲　夺走　争夺　依靠　靠拢　成熟　熟练
娇娃　娃娃　脸蛋　鸡蛋　不禁　禁止　一番话　番茄　仿佛　剪枝
盼望　疯长　红润　远近闻名　充满信心

把词语粘贴到注音软件上,转化成音节复制到文本上。为了避免学生照抄词语表,要把一课之内的音节调乱顺序,当学生做这项练习时,即使想照抄也必须在拼读之后。于是,我一个词一个词地调来调去,完全是一种机械劳动,不禁心生厌烦。但厌烦又有什么用呢?开学后再做这件事必定手忙脚乱。让别人做,一是我不放心,二是同事都忙得很,我怎么好意思再给她们增加负担。于是打开薛瑞萍送给我的佛教音乐,边听边"机械劳动"。心平静了,智慧就来了:按Ctrl键,同时选择部分词语,"剪切—粘贴"到这一课的后面:

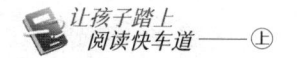

挥舞　发挥　舞蹈　舞曲　夺走　争夺　依靠　靠拢
成熟　熟练　娇娃　娃娃　脸蛋　鸡蛋　不禁　禁止
一番话　番茄　仿佛　剪枝　盼望　疯长　红润
远近闻名　充满信心

选择上面方框中的词语"剪切—粘贴"后呈现下面的样子：

挥舞　舞蹈　夺走　依靠　成熟　娇娃　脸蛋　不禁　一番话
仿佛　剪枝　盼望　疯长　红润　远近闻名　充满信心

- -

发挥　舞曲　争夺　靠拢　熟练　娃娃　鸡蛋　禁止　番茄

把"剪切—粘贴"之后的词语复制到注音软件上注音，拼音练习就不用再调序了。再回到词语表上点击两下"撤销"，词语恢复原位置，"词语表"与"根据拼音写汉字"的顺序就不一样了。

◎ 四字词组、古诗书面练习 ◎

开学初老师先用两个星期的时间教完课文的诵读后，学生就可以把课本放在家里了。这时离期末考试还有很长一段时间，学生每天都要做书面练习，课本又不在身边，怎么办？不用怕，因为书面练习都附带答案。

这是其中的部分练习：

若隐_____　　腾云_____　　失声_____　　气喘

不知_____　　_____痛哭　　_____吁吁　　_____淋漓

_____本领　　_____所措

《夏日田园杂兴——其七》　作者：_____

_____　　_____

这些练习同样配有打乱顺序的答案：跟"看拼音写汉字"一样，为防止学生照抄答案，有意给他们设置了一点儿障碍——在一个单元内打乱顺序。

"看拼音写汉字"和"四字词组、古诗书面练习"在整个学期进行，每天写一页，并不是随着"两周学完课本"就结束了。

二、两周学完更扎实

◎ 公开课的尴尬 ◎

20年前，我还是一个刚刚毕业的老师时，听同事们议论一件事情：同事李老师在领导、专家的帮助下讲了一节大型的公开课，公开课很成功，李老师备受器重。但期末考试考到这一课的内容，让人大跌眼镜的是，她们班的考试成绩因为这一课中的题目扣分过多而成为平行班中成绩最差的，李老师因此一度成为同事议论的焦点。

费了这么多功夫"磨"出来的课"好看"经不起考试的检验，说明什么？当然可以埋怨试题出得难，但是否也能说明花样繁多的公开课并不实用？公开课虽然"好看"，符合了自主、创新等先进教学理念，但没有帮助学生打牢基础。我的课从春节以后通过"课堂直播系统"向广大网民公开，如果追求"好看"以符合专家的趣味，以符合不断更新的教育理念，以符合没有深入课堂的理想主义者的"指导"，那么面对常规考试，我的学生可能要全军覆没。如果应试能力不能轻松提升，还妄谈什么素质教育和终身发展。所以，我给自己定的目标很实在：苏教版第七册共七个单元，用七个课时基本结束课文的阅读教学，再用两个课时集中进行分段训练，《配套练习册》等这种耗费师生心力的练习题只选做一小部分，除作文和写生字外，用两周时间轻松完成与课本相关的阅读教学任务。

◎ 低"成本"的备课 ◎

我依然选择在暑假中备课，准备好"课文口头填空""根据拼音写汉字"等练习。从"课文口头填空"中节选一部分内容按单元设置成"大字"，上课时投影到屏幕上集体讨论。为了节省时间，减少备课的"成本"，屏幕上显示的内容是在 Word 上，而不是制成 PPT。选择合适的"显示比例"让文本在屏幕上全屏显示，上下左右页边距均为 0，字号是 80，行距是 77，所有的字一律加粗。我设置的字很大，但教室的屏幕容纳不了多少字。内容多的部分，在"字体"中找到"字符间距"适当"紧缩"，

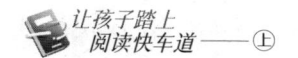

标点可以设成相对小些的字号。这样屏幕可以容纳较为完整的一部分文字，教师备课的速度就会明显加快。去年孙双金老师带领他的团队——南京市北京东路小学的老师来听课时，按我的要求，他们印好了让学生学习的课文，我再从网上搜出课文的电子稿，十来分钟就在 Word 上做好了课件。曾得过全国中青年教师阅读教学大赛一等奖，在全国各地经常上公开课的孙双金老师竟然对我这种备课、上课方式大加赞赏，后来听朋友转告，孙老师多次在各种会议上提及我这种低"成本"的备课方式和"一本万利"的上课方式。"文本粗读"竟然得到"文本细读"专家的赞赏，实属难得。于是，我敢于对联系听我课的老师说："你们带印好的课文和电子稿来，我现场备课、上课。"各位朋友，像我这样一个从没经过各种赛课锤炼的，这样讲是不是有点儿狂妄？

当然，所谓"低成本"的备课，是相对于常见的一学期教一本书的教学方式而言，对于我的课堂教学而言，其实"成本"也不低，"两周教完一本课本"的备课用了足不出户的两个多星期。

◎ 扎实高效的课堂 ◎

◇"背诵、理解"一举两得

铃声一响，先听一课录音，学生跟着录音读，四年级的孩子，学这么浅显的课文，我不再给他们反复朗读的时间。朗读的功底已经在低年级打得扎扎实实，四年级的课堂上，如果要花费时间进行朗读，我会把时间用在有一定难度的文章上。听完录音后在屏幕上出示"课文口头填空"题，读读背背后马上讨论。那些不动脑筋的孩子，他们收获的是当堂背完，这是结结实实的收获，我不允许有一个智力正常的学生掉队，课后忘了是另一回事，通过三年的语文课，每一个孩子都知道此时的韩老师"威力无穷"，如果因走神而背不过关，"株连酷刑"（同桌两人都要罚交小奖状）在等着他。我不是严厉的老师，但无限信奉规则的力量。

下面是其中一节课出示在屏幕上的内容，括号内的字在屏幕上很小，学生看不清，那是给老师提的提示。

先以第九课《泉城》为例：

说到济南，自然会想到济南的＿＿＿＿＿泉。其中最＿＿＿＿＿的要数珍珠泉、五龙潭、黑虎泉和趵突泉了。

济南的泉水＿＿＿＿＿，所以人们称济南为"泉城"。（因果关系、首尾呼应）

屏幕上出现的是文章的开头和结尾两段，我让学生背诵之后总结它们的写法。有关"首尾呼应"的知识，我已通过诸多课文跟学生讨论过。有的学生脱口而出，有的学生依然糊涂。但我相信"举三反一"的作用，那些"慢孩子"，早晚有学会的那一天。

泉水从地下往上涌，好像一串串珍珠。

泉池正中有三股比吊桶还粗的清泉，咕嘟咕嘟地从泉底往上冒，如同三堆白雪。（这两句有什么区别）（"涌"说明泉水少而急）（"冒"说明泉水多而缓）

五龙潭在＿＿＿＿＿，由五处泉水汇注而成。（泉水从几个方向流入？）

泉口是用石头＿＿＿＿＿成的三个老虎头，泉水便从老虎的口里不断地喷吐出来。（泉水流量多，流势猛）

比较"涌"和"冒"、"汇注"和"喷吐"的区别，是课文后面第四题的要求，边引导学生有感情地朗读，边区分。

再读每段开头：

说到济南，自然会想到济南的＿＿＿＿＿泉。其中最著名的要数＿＿＿＿＿泉、＿＿＿＿＿潭、＿＿＿＿＿泉和＿＿＿＿＿泉了。

珍珠泉在＿＿＿＿＿。

五龙潭在＿＿＿＿＿。

黑虎泉的源头在＿＿＿＿＿。

趵突泉名列＿＿＿＿＿，位于＿＿＿＿＿。（先写什么，再写什么）

这个题目引导学生回答《配套练习册》上的问题："作者在介绍泉水时，都是先写这个泉水所处的＿＿＿＿＿，再描绘这个泉水的＿＿＿＿＿。"

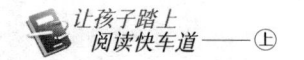

同时也让学生了解了"先总述再分述"的写法。

◇ **理清顺序当堂背诵**

以《雾凇》为例,这篇课文要求背诵,第二大段是文章的主体。我指导学生边背填空题边理清文章叙述的顺序,便于学生掌握背诵技巧。

雾凇,俗称树挂,是在严寒季节里,空气中过于饱和的水汽遇冷凝结而成。

(第一句写水汽从哪儿来)

从当年12月至第二年2月间,松花江上游丰满水库里的水从发电站排出时,水温在4摄氏度左右。这样,松花江流经市区的时候,非但不结冰,而且江面上总是弥漫着阵阵雾气。

(第二、三句写远远高于当地气温的水汽是怎么来的)

每当夜幕降临,气温下降到零下30摄氏度左右时,这雾气随风飘荡,涌向两岸,笼罩着十里长堤。

(第四句写雾凇形成的第二个条件:气温降得很低)

树木被雾气淹没了。渐渐地,灯光、树影模糊了。这蒸腾的雾气,慢慢地,轻轻地,一层又一层地给松针、柳枝镀上了白银。最初像银线,逐渐变成了银条,最后十里长堤上全都是银松雪柳了。

(从第五句开始写形成雾凇的过程)

对于口头填空题,所有学生都能当堂轻松背完。通过这样的指导,学生理解了句与句之间的关系,背诵课文也就轻而易举了。

◇ **反复练习扎实有效**

低年级小朋友以感性思维为主,到了中年级培养学生的概括能力是一个难点。我利用Word文档课件方便修改的优势,教给学生从原文中"摘录概括段意法"。从文中摘录一些词句当作段落大意,并当堂把字涂成红色后让学生齐读两遍,比老师讲学生听的效率高很多。课堂低效的一大原因是学生被动地听讲太多,参与读、说太少。我的课堂上,学生听几分钟就读读背背,所以很少走神,即使听得不太明白,也能保证读、背的效果。

比如《开天辟地》一文：

他随手拿来，左手持凿，右手握斧，对着眼前的黑暗混沌，一阵猛劈猛凿，只见巨石崩裂，"大鸡蛋"破碎了。轻而清的东西冉冉上升，变成了天；重而浊的东西慢慢下沉，变成了地。（大神做了一件什么事？突出了他的什么特点？——开天辟地，力大无穷）

天每天升高一丈，地每天加厚一丈，盘古的身体也跟着长高。这样又经过了一万八千年，天升得极高了，地变得极厚了，盘古的身体也长得极长了。（突出了他的什么特点？——顶天立地，意志坚定、矢志不移、坚持不懈）

临死的时候，他的身躯化成了万物：口中呼出的气变成了风和云，发出的声音变成了轰隆的雷霆，左眼变成了光芒万丈的太阳，右眼变成了皎洁明媚的月亮，隆起的肌肉变成了三山五岳，流淌的血液变成了奔腾的江河，筋脉变成了纵横交错的大道，皮肤变成了万顷良田，就连流出的汗水也变成了滋润万物的雨露甘霖。（突出了他的什么特点？——改天换地，无私奉献、乐于献身、无怨无悔）

这三段，老师提的是同一个问题，学生边背边议，议论的是练习册上要求回答的问题，同时，又引导学生理清了全文的脉络。

然后在屏幕上出示下面的词语，齐读：

开天辟地：力大无穷

顶天立地：意志坚定、矢志不移、坚持不懈

改天换地：无私奉献、乐于献身、无怨无悔

这样背、议、读结合，教学效果扎实有效。

◇ 攻克分段教学难点

分段是中年级语文教学的大难点。对课文的理解，每一个孩子都不成问题，而"理性分析"却有不少学生难以开窍。在学完整本书后，我又把下面的题目进行了集中练习。

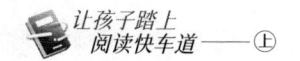

《徐悲鸿励志学画》写年轻画师徐悲鸿留学法国时_____的故事，赞扬了徐悲鸿_____的精神。课文共8个自然段，可分为三段。第一段写励志学画的原因：_____；第二段写励志学画的经过：_____；第三段写励志学画的结果：_____。

《桂花雨》写"我"在童年时代_____的快乐情景，表达了对____和____的眷恋。第____自然段写"我"喜欢香气迷人的桂花；第____自然段写童年时期的"摇花乐"；第____自然段写母亲爱家乡的金桂。

这都是"课文口头填空"中的题目，他们印出来的练习上有，屏幕上也一一呈现出来供他们讨论，力求通过"举三反一""举十反一"等让学生能悟出点儿什么。

为了攻克分段这个难点，我会根据课文内容帮学生找点儿小窍门。比如《诚实和信任》一课，先根据段意分段。

第____自然段写"我"深夜驱车回家，撞碎了小红车的反光镜，主动留下联系方式；

第____自然段写"我"和小红车的主人在电话中相互表示歉意和感谢；

第____自然段写小红车的主人关于诚信无价的话印在"我"的脑海中。

再出示口头填空题：

<u>一天深夜</u>，"我"驱车从外地回布鲁塞尔。

<u>事隔三天</u>，一位陌生男子打来电话，他就是小红车的主人。

然后告诉学生，时间也可以是分段的依据。从课堂上的情况看，学生还是掌握得不理想。等到学习第八册教材时，这项练习还是重点。

对语文课本的备课，我颇费心力。要做到扎实有效，还要尽量避免同行间的争议。毕竟大家都在教课文，而且专家的课堂的确精彩，普通老师的"文本细读"课堂也常有精彩的火花闪现，我的"文本粗读"与常规的"文本细读"在比较中会暴露很多问题。比如，大家都在研究两节课如何教一篇课文，我却"一节课教一个单元"，这是不是"快餐文化"？我反复强调"扎实高效"是不是有"功利"的嫌疑？边背诵"课文口头填空"题边理解课文是不是"肢解"了文本，破坏了文本的美感？

是不是"快餐文化"，听听我们是如何读一篇课文的就能说明问题。现在不是缺少读物的年代，一篇语言、思想俱佳的白话文，默读一遍就等于读了；如果再出声朗读一遍，那就是细读；如果背诵其中的句段，那就是精读了。如果要求我们用两节课80分钟读一篇500多字的文章，其必要性是有疑的。

如果我们连"扎实高效"都做不到，还谈什么美感？学生爱读书，读好书，常从书中受到启发和感染，这就达到了智育和美育的双重目的。如果承载的任务过多，学生也会不堪重负。当然，我在教语文课本时，也注重思想性，有感情地朗读一直是课堂的主旋律。如果感情色彩淡了一些，那是我个人的语文素养不够，而不是"课内海量阅读"的问题。

"课文口头填空"题是我在三到六年级的备课中耗费了很大心力的一项工作，在10多年的"课内海量阅读"教学之路上，我一直这样为学生能高效学习提供方便。当堂背诵"口头填空题"除了能达到积累词语的目的外，帮助理解课文的作用也很明显。到过我的课堂的老师可能觉得除了听录音外，学生看课本太少。其实，背诵填空题的过程就是看课本的过程，比单纯地看一看、找一找效率要高得多。因为学生都知道，韩老师是会检查背诵情况的，他们必须快速浏览，找到填空题所在的课文位置并背诵，之后的听讲才会更有针对性。

此外，对于分段、概括段意、概括中心思想等，我讨厌"唯参考答案"是从，学生讲的有道理就可以。从上小学开始，命题人根据参考书出题，老师根据参考书教课文，小孩子头脑中那些稀奇古怪的想法就被"唯一、标准"的参考答案搞得整齐划一了。这在一定程度上不利于孩子们创造力的培养。

4 挣脱考试的枷锁

数十年以来语文老师们大多围绕教材、教参、作文选、教学杂志等打转转。其实，一个语文老师，如果只看教材与教参，是绝对教不好语文课的，即使能将教材与教参全部背诵，也不会是一个优秀的老师。要想提高自己的语文教学水平，关键是要有较高的语文素养，要大量地阅读高品质的文化经典，时间长了，其中的经典语言与思想，就可以化为自己的东西。小学语文老师的专业性是什么？是让学生认识了常用汉字，能够自由阅读，能够流畅地表达自己的见闻、感受之后，也就是达到了"保底"的要求之后，应该引导小学生走近高品质的文化经典。但经典艰涩，怎样才能让学生走近经典呢？这就要依靠老师在"课内海量阅读"的过程中为学生选择最佳的读本。我个人起点低，阅读经典有难度，所以关注的重点是如何让小孩子尽量轻松地走近经典。我并不像有的老师想象的那样有高深的功底，我到了北京、上海等大城市，总会找机会泡书店，泡书店看的与经典有关的书都是有趣的，艰涩的文字我也读不进去。我们班师生共读的书也是如此，有一定的文化品位，但没有太大难度，读着读着就感到好玩了。当然，只是一定程度上的"好玩"。现在无论大人、孩子，都离经典太远，读起来总感到困难。对于经典文化的阅读，孩子一个人读大多会感到非常困难，可是，全班共读就乐趣无穷。小孩子读书，是需要一个阅读场的。我的好朋友陈琴的学生六年背诵了十多万字的经典，总结一个重要的经验，就是大家一起读。孩子们一起读、一起背的时候，会形成一种相互影响、相互促进的气场。在这个场里，没有艰涩深奥之感，没有昏昏欲睡之感。陈琴在与学生共诵经典时，快乐指数之高，简直让人有一种气冲霄汉的感觉。他们是在背诵，也是在抒发情感，是一种全身心的快乐，就连我们这些在场的成年人，也有一种热血沸腾的感觉。这样诵读，不但效果好，也将带来美好的审美之旅啊！

那些"洗脸盆里扎猛子"，只是围绕教材教学的老师，当时是教会了学生考试，有的还考了很高的分数。可是，几年、十几年、几十年过后，那些分数究竟又有什么用处？那些课文还在脑海里留下多少印象？老师翻来覆去讲的内容，学生还能记得几句？想想诺贝尔文学奖获得者莫言，小时候如果不是想方设法去借一些名著来读，他能有那么强的写作能力吗？更遑论获奖了！语文学习，永远不是只学课本知识就可以学好的，更不是靠考试能够提高的。可是，现在的语文教材与考试，却依然故我地"重复着昨天的故事"。有的语文教学研究专家坚持认为必须以"本"为本，不能"随意延伸"。唉！语文教学何时才能从教材中突围？"海量阅读"何时能成为语文教学最基本的内容，韩兴娥、李兴娥、张兴娥何时才不再是"特色老师"？对这个"特色老师"的帽子我很不喜欢，师生共同大量阅读是一种基本、常规的教与学的方式，真成为"特色"那是一种讽刺。

要营造国民爱读书的良好氛围，考试评价制度的引领至关重要。考试的内容，如果绝大多数出自语文课本，这就有了一个导向，学生只要学好课本多读课本，于是，绝大多数的老师为考而教，而不是为了学生的生命成长而教。教师在专家的引领下，也认为语文教学就是要教好课本，就是要研究教参，甚至不能越雷池一步。要想改变这种向课本要分数的局面，就要冒风险，就要有代价，就要有勇气。

要改变这种教学现状，如果从教研部门开始，从改变出题内容开始，受益的老师和学生会更多。但和一些教研员朋友聊起来，他们也大倒苦水，说老师们不愿意改变。在澳大利亚，三、五、七年级全国通考语文、数学，但澳大利亚考能力，不考课本。老师所教学生的读、写能力达到一

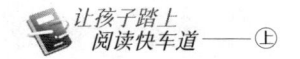

定标准就都是好老师。所以澳大利亚全国通考比中国的次数还多，但老师不用增加学生负担，不用为备考而焦虑，因为只要平日扎扎实实阅读，保证阅读的量与质，就能达标。

一、我的考试评价观

山东省教育厅原副厅长张志勇大力推行素质教育的前提是全省都"不准"——考试不准排名，双休日不准上课，不准开不全课程……没有这些"不准"，除了个别高手之外，那些按素质教育要求做事的学校考不过加班加点的学校，考不过搞题海战术的学校，这也是题海战术屡禁不止的原因。

考试是公平的，是必要的，推行素质教育也要考试。有人在张志勇的博客上留言："没有考试，就没有你张厅长的今天。许多来自农村的学子就是靠考试走出农门的。"此言有理。要改革的不是考试，而是考试题。我们的教与学在很大程度上不是为了备考，像陈寅恪那样才高八斗却没有博士学历的大师今天已不多，有才学的人都像胡适那样尽量地多戴几顶博士帽，这无可争议。但如果从小学就开始大搞题海战术，那会"欲速则不达"。每个班都有大约六分之一的学生上了六年小学却过不了写字关，读了六年书却写不出文从字顺的语句。面对这样的学生，每一个小学语文老师都有愧。如果抛弃那些题型，只把精力放到阅读写作上，任何一个智力正常的孩子都能学好语文。

在低年级，我理想的考试内容一是测试学生的朗读能力，朗读的文本来自课本以外；二是测试学生写字是否正确，工整。

先说一个以年级为单位进行朗读能力测试。

先请各班任课教师把学生按下面三种情况分组：

A组——读得连贯，认字较多，或者拼读速度很快，能直呼音节的学生。

B组——认字较少，单个字拼读、读得不太连贯，但拼读速度较快（老师在心里拼读三遍时学生能拼读完）。

C组——认字少，拼读慢。

如：

A组

1号王佳俊、2号王博宇、3号王明炫……

B组

21号刘文浩、22号刘馨婕、23号王宇虹……

C组

39号张乐滕、40号张欣怡、41号张金慧……

这种排名与教育部门禁止的按考试成绩排名有没有关系呢？实际是大相径庭。每个学生的朗读能力在全班学生中处在什么位置，进行大量阅读的老师是心中有数的，但不会挂在嘴边告诉学生，阅读能力有强有弱是正常现象，不可能都强。而只教课本的老师心中有数的是学生的考试成绩，考试成绩不可预料，能力强的学生可能因为某种原因考差了，这种排名对孩子的心理是有负面影响的。学生的朗读能力是相对稳定的，只有朗读达到一定的数量，学生的朗读能力才能提升到某个层次上，语文老师要对学生的朗读能力做到心中有数。老师把心中清清楚楚的朗读能力排名印到纸面上给学校教导处供测评用，不在学生和家长中公开，也不会伤害学生的自尊心。

学校教导处组织被测评的全年级语文老师当评委，每个班都抽同一个序号的学生，比如A组抽11号，B组抽35号，C组找的是排在最后的学生（除任课老师标注的生病的或特殊学生外）。

每个班一半学生能较流利朗读没学的儿歌，一半学生能熟练拼读，这是底线，在这条线上就合格，不搞竞赛，这样老师们才能安安稳稳、从从容容地教学，不搞那些让大家心力交瘁、急头躁脑的"冲刺"。在一年级上学期，A组、B组、C组的测试题目是难易不同的三首儿歌：

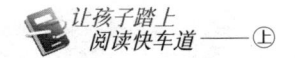

A组　打雷了

轰隆隆，打雷了，
好像颗颗炮弹炸。
小狗吓得钻床下，
小猫吓得喊妈妈。
只有小鸭胆子大，
拍着翅膀笑哈哈。

B组　拉车

小猫拉车，老鼠不坐。
灰狼拉车，山羊不坐。
黄鼠狼拉车，小鸡不坐。
老虎拉车，谁也不坐。

C组　月光光

月亮光光，装满筐筐。
抬进屋去，全都漏光。

A组抽到的11号学生在测评室外等候，测试完的学生坐在测评室内，等整个年级A组测试完再让他们出门，以避免漏题，使测试公平、公正。

如果这样测试，课堂教学多么简单、有趣。平行班老师就会自发商量，每个班买不同的书，读完后班与班之间交换阅读。或者遇上好校长，学校出资配齐一个年级交换阅读的书。

韩军老师曾顺路走进我的课堂，对那节简单得不像话的课大加赞赏，为什么？因为语文教学简简单单，读读背背而已。精确的"理性分析"害人不浅。

"五四"后中国语文教育的探索者们，总想圆一个美好的梦，即走出一条所谓"科学化""理科化""高效率"的捷径，却最终走向了歧途。纯技术化的习题，板滞的操作课型，等等，在语文教坛泛滥成灾。

以数理剖解之方式，刀斩人文之美文，焚琴煮鹤，大拆七宝楼台，千年煞风景，于今为烈。

——《韩军与新语文教育》

我们把发展儿童的抽象能力看得很重，恨不得把儿童一口喂成个"胖子"。对于这一点，卢梭早就十分痛心地指出："在儿童的心力未发达之前，是不应当扰乱他的心灵的。正好似你在盲人面前送上火炬，盲人是看不见的；同理，儿童心智未开，他也不能经过种种繁复的观念而跨入理性所难以探寻的途径，这种途径纵令智慧最发达的人也是难以探寻到的呢。"卢梭在《爱弥儿》中还写道："儿童处于理性的睡眠期。""感觉经验是构成儿童思想的原料。"

——《李吉林与情境教育》

每当遇到没为班级共读配备相应的图书，语文课还没有从课本中突围的学校我都充满忧心。看到那些往墙上贴"钱"，"让每一面墙会说话"的学校，我首先想知道的是，学校是把有限的经费用在"每一面墙"上，还是用在图书配置上？有的学校图书馆藏书的确丰富，但这些图书中能供师生课堂共读的有多少？合肥的胡冬梅校长领我转他们的图书馆时说："韩老师，我们的这些书半价的都很少，大部分不低于六折。"我深深地敬重这个把钱花到正事上、用到学生身上的年轻校长。

2004年春天，我下了很大的决心才决定跟张鹏校长到贫困的山村看

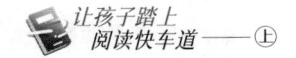

看,凌晨四点从潍坊出发去济南机场,到昆明再转机,大理的美景一眼没看,到永平县时已是晚上8点,累得我人都快虚脱了。第二天,当看到永平县龙街镇中心完小的孩子在共读一本小说,看到少数民族的孩子在读《小王子》时,我的心里充满感动,充满信心,中国的教育有希望了!孩子读的书是扬州市维扬实验小学岳乃红(著名儿童阅读推广人)所在学校的学生赠送的。

少数民族孩子在读《小王子》　　　　谷米花师生在读《成语儿歌100首》

一个少数民族家长塞给我一小袋山果,还有一袋叶子,说可以消炎败火,那个家长对我们这些推广阅读者的感情使我在当即就做出了一个决定,许诺捐给他们50套《成语儿歌100首》等书,让他们在一、二年级(每个年级两个班)都读起来。

低年级除了测试朗读,还可以测评写字。简单的题目是让学生照抄生字,难一些的题目是看拼音写汉字。下面以人教版第一册为例来说明。

"看拼音写汉字"都来自课本上的一类字,如:

yí gè　　　　dà rén　　　　xià shān　　　　chū tǔ

"读儿歌填生字"的儿歌来自课外,所填写的生字来自课本上的一类字。

$$\text{（小）绵（羊），}\overset{xiǎo\ mián\ yáng}{}$$

$$\text{（会）打 扮，}\overset{huì\ dǎ\ ban}{}$$

$$\text{留 卷 发，}\overset{liú\ juǎn\ fà}{}$$

$$\text{戴（耳）环。}\overset{dài\ ěr\ huán}{}$$

这首儿歌中的"小、羊、会、耳"都是课本上要求会写的一类字，试题中考查学生会不会写。"打、发"是要求会读的二类字，所以不注音。学生自己读这首儿歌，并填写生字，这样既考查了生字的书写，也考查了学生的阅读能力。现在"阅读能力测试"是一个时尚名词，我对时尚一向不感兴趣，如果学生连一篇文章都不能流畅朗读，也没有什么时尚可言。

中高年级的考试题，尽量少出奇奇怪怪的题型。如果从课本上出题，就出生字词，不要出课本上的阅读理解题，因为一出课本上的阅读理解题，大家就抠课本、抠参考书，就会把理解题搞成背诵题，要求学生反复练习。对中高年级的考试题，我的要求很简单，少出课本的内容即可。如果一定要说题型，下面是我喜欢的一份中高年级考试题。

（一）看拼音写汉字

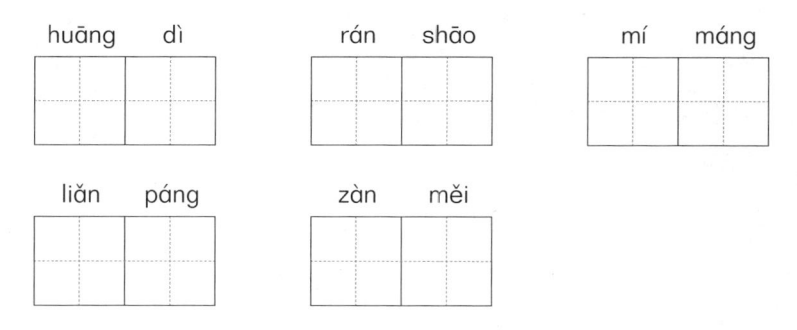

huāng dì　　　　rán shāo　　　　mí máng

liǎn páng　　　　zàn měi

（二）根据前后文和注音填写词语

1.东海龙王父子 chēng（　　　）霸一方，经常 xīng fēng zuò làng（　　　　　），害得人们不敢下海捕鱼。哪吒决心 zhì yí zhì（　　　　　）他们，为老百姓出一口气。

2. 以前，传染病使许多地区出现了哀鸿遍野、mǎn mù（　　　）疮痍的景象，大家以为 wú yào kě jiù（　　　），而坐以待毙。但经过努力，总会峰回路转，liǔ àn huā míng（　　　）。只要我们 qí xīn（　　　）协 lì（　　　），就一定会打胜这场没有硝烟的 zhàn zhēng（　　　）。shě jǐ wèi rén（　　　）的白衣天使真是值得我们学习。

"看拼音写汉字""根据前后文和注音填写词语"这两个类型的题目都是为了打好基础。"看拼音写汉字"是常规的题目，也是应该反复练习的内容，平日加强这方面的训练，既可以复习拼读，又可以把本册教材中要求默写的字写扎实。

"根据前后文和注音填写词语"如果考的是课本上的内容，加了注音，等于降低了难度，不用死记硬背课文；如果考的是课本外的内容，考的就是学生真正的阅读能力。很多常规题目没法考查学生的语文能力。比如作文，写得很精彩的和写得一般的文章得分没有太大区别，老师阅卷时都喜欢和稀泥，只要篇幅长、书写工整就都得高分，真正的精彩之作不一定比一般的文章得分高。而这个题目，可以精确地考查学生的写字水平和理解能力。此题内容课内的少，课外的多，所空的字是课本要求会写的一类字，不要太难写。出大量这样的题目会引导老师把课外书的阅读引进课堂。

（三）把下面的词语补充完整，再选择填空

（　　）通幽　　羽翼（　　）　　美（　　）美奂　　孜孜（　　）求

（　　）阳似火　　书到用时方恨少，（　　　　）不知难。

（　　　　　　　　），到老空留后悔心。

（1）我这只雏鹰已经（　　　　），在不久后的春天就要展翅翱翔了。

（2）（　　　　　　）。除非亲身经历过，否则，他人难以体会你的处境。

（3）那些（　　　　）的风景令我流连忘返。

（4）她在工作上（　　　　），所以很快进入了一个更高的境界。

（5）行入林中，（　　　　　　），忽然豁然开朗，林中芳草鲜美，百卉杂陈，令人惊奇不已。

（四）根据括号里的提示把下面这段话写具体

（把下面描写高兴心情的句子补充完整）这个星期我努力学习，得到老师的表扬，我好高兴。回家的路上，我像只欢快的小鹿，又蹦又跳，路旁的树枝好像_____，往日烦人的汽车喇叭声_____，我忍不住_____，来表达内心的欣喜。在路上，我碰到了妈妈，我和妈妈一说，妈妈的脸上也_____，让我继续努力，争取更大进步。

（五）用文中的语言把下面句子的意思补充完整

园丁们肩负人民的重托，满载民族的希望，博采广纳，教学相长，呕心沥血育人才，无论自己受了多大的委屈，无论有多么重要的事情，只要上课铃声一响，就立刻抚平纷乱的心绪，拭去脸颊上的泪水，微笑着走进教室。在孩子欢声笑语的背后，在绿草茵茵的校园深处，老师们默默承受了许多辛苦。园丁们把自己当作一片沃野，培植装点神州的花朵。

1. 老师的责任非常重大，因为他们_____。

2. 正准备上台比赛的小明突然听到自己亲爱的奶奶摔伤的消息，恨不得飞到奶奶跟前，可是，想到老师、同学对自己的期望，他_____，一丝不苟地进行比赛。

这三个题目都是为了倡导"学以致用"的教学理念。孔子说的"学而时习之"中的"习"不是"复习"，而是"练习""应用"的意思。

第（三）题中的词语来自苏教版第五册课本，句子来自课外，第（四）题选自上一届学生的作文，无标准答案。

第（五）题旨在培养学生使用语言的自觉意识。这是积累、运用语言的"速效"法。

（六）作文

略。

（七）附加题

根据图意写含成语的句子或格言、警句、古诗句（符合一部分图意也可以），写对1个得1分。

_____

_____

_____

_____

_____

"附加题"中的图片

熟读背诵是学习汉语的重要途径，这已成为大家的共识。《语文课程标准》要求"在阅读中积累词语""积累自己喜欢的成语和格言警句""积累课文中的优美词语、精彩句段，以及在课外阅读和生活中获得的语言材料"。那如何通过测试去引导学生背诵、积累呢？我个人认为，"附加题"比传统的"默写古诗""根据课文填空"更能起到好的导向作用，促使教师开发课堂资源，创造良好的学习环境，给学生打开一个丰富多彩的文本世界，《语文课程标准》中"扩大阅读面"的要求就会落到实处。因为以往试卷中的"默写古诗""根据课文填空"会引导老师让学生反复背诵默写课本上的古诗、课文，用一个学期的时间反复学习一本语文课本，我认为这是对时间的极大浪费。语文是一门实践性很强的学科，有一些知识不需要也不可能当时就学深学透。我们让学生反复咀嚼现有的知识，他们能不乏味吗？我们应该让学生有足够的时间拓展知识面，以知识的广度来达到巩固知识的目的，尽量避免单调的重复复习。

像"附加题"这样的题目，老师绝不会抄下诗句的意思让学生背。这种题目同时考查了学生的日常积累情况，学生可以默古诗，可以写含成语的句子："粮食来之不易。""中午骄阳似火。""刚出土的禾苗翠色欲滴。""烈日烤得禾苗奄奄一息，农夫心急如焚。""农夫用辛勤的汗水'浇灌'禾苗茁壮成长。"也可以写格言警句："一分耕耘，一分收获。""人生在勤，不索何获。"这样的题目分数是不确定的，如果学生能写100个正确答案，就这一个题目让学生得100分又何妨？

所有的考试题目都重积累、运用，而不是重理解、概括。"读准是基础，理解是本能""淡化理解，强化朗读"一直是我进行"课内海量阅读"教学的重要理念。

所有对考试题型的研究都不如不研究，像北京亦庄实验小学，学生直到六年级才参加常规考试，给师生进行大量阅读创造宽松、自由的空间是更理想的。

二、夯实写字基础

平日边阅读边夯实写字基础。当得知我当年的学困生上中学后竟然有能力进入全班前20名时，我不解地问他："难道你们班同学都像你一样是'错字大王'吗？"孩子告诉我："韩老师，上小学时，跟咱们班同学比，我是错字大王。但进入中学后，我发现，错字比我多的同学有很多，跟他们比，我早已不是'错字大王'了。"学生的字写得正确、规范，与我平日尽量不让学生做试卷，而是把精力放在练习写字上关系密切。

◎ **高效省力的写字教学** ◎

在一年级进行海量阅读，写字教学是关键。低年级的写字教学贯穿整个学期，比阅读、识字慢两拍，但与常规的写字教学相比，我还是想方设法在夯实基础的前提下提高写字教学的效率，以节省出时间进行"课内海量阅读"。

指导一年级学生写好字是难中之难。认识笔画名称，教了20遍学生还记不住；认识田字格，几条线就得教大半节课；引导学生观察每一笔在田字格中的位置，老师一边板书，一边回头瞧谁在捣蛋……好累！

于是，我不再教单个笔画，而是在教写字之前，把汉字的基本笔画编成儿歌给学生诵读，这是借鉴辽宁东港实验小学的经验。

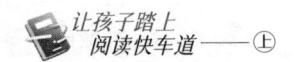

◎ 汉字笔画名称表 ◎

背诵"笔画名称歌"（见附页），把表格中空心字的笔画描出来。

笔画	名称	例字	笔画	名称	例字
丶	点	下 头	㇒	撇折	云 东
𠃍	横折	口 片	㇀	提	地 提
丨	竖	中 门	亅	弯钩	了 子
㇇	横钩	皮	㇌	横折折撇	及
㇊	竖提	长 瓜	㇈	横折弯钩	九 几
㇄	竖折	山 牙	㇠	横斜钩	飞
㇉	竖弯钩	儿 巴	㇌	横折提	说
一	横	土 日	㇋	横折弯	殳 没
㇊	竖弯	四 西	㇅	竖折折钩	马 鸟
㇏	捺	入 木	㇆	横撇	叉 鱼
㇂	斜钩	戈 我	㇁	卧钩	心
亅	竖钩	小 水	㇃	横撇弯钩	阳 那
㇇	撇点	好	㇅	竖折撇	专
㇅	横折钩	也 力	㇋	横折折折钩	场 乃
丿	撇	人 禾			

附：笔画名称歌

点横折，竖横钩，

竖提竖折竖弯钩。

横竖弯，捺斜钩，

竖钩撇点，横折钩。

撇撇折，提弯钩，

横折折撇，横折弯钩，横斜钩。

横折提，横折弯，竖折折钩。

横撇，卧钩，横撇弯钩。

竖折撇，横折折折钩。

教学时，把笔画抄写在长条纸上，贴到黑板上方，教师指着笔画有节奏地教学生念笔画名称，从一行一行地教，到从头念到尾；从每节课都念到一日一念，再逐渐减到一周一念。学生晃着脑袋念，摇着身子念。看着黑板念是好学生，闭着眼念也不受批评。说这是"机械"也罢，"死记硬背"也罢，但学生无一例外地都会按顺序念了。等到写字教学开始后，每学一个新笔画，就不用一遍一遍告诉学生笔画名称了，只要用教杆往长条纸上相应的笔画一指，学生便念念有词。从"点横折"念到那个新笔画时，学生兴奋地大呼笔画名称，喊叫声此起彼伏，犹如发现了新大陆，叫一百遍都不嫌累，早找到的孩子兴奋地叫，晚找到的孩子也觉得自己本事挺大。这样的教学效果与老师声嘶力竭地一遍遍教的效果能一样吗？这是孩子们自己的发现，不是老师告诉他们的结果。

◎ **笔顺的教学** ◎

笔顺教学是一块难啃的骨头，如同鸡肋，"食之无味，弃之可惜"——三年级后的考试基本不考，一、二年级考得也很少，最难办的是课堂教学

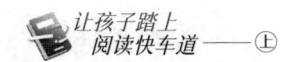

对那些不抬头、不张嘴的学生基本无效。因为笔顺不但在考试中占分太少，而且教学难度大，有的老师便任其发展。但即使是鸡肋，在孩子初学写字的一年级，老师也应该尽力让孩子学会正确下笔。

先让学生自己观察课文后面的"笔顺"，苏教版教材在笔顺的安排上有利于培养学生的自学能力。学生自己观察，伸出手指在桌子上画字。可以要求同桌互相检查（只是一年级的孩子合作意识淡薄），然后教师在黑板上示范书写，学生书空。找一部分学生到黑板上写生字，全班学生一起当检查员，发现笔顺错误马上纠正，让出错的学生当众在黑板上重新写。这一步有利于及时地大面积地纠正笔顺错误，但坐在座位上的学生往往不按要求观察同学写字，课堂秩序不容易维持。所以要想扎实、高效还要与家长共同协助孩子夯实写字基础。

初学汉字阶段，有些字的笔画、笔顺，家长也搞不懂。于是我通过公开信的形式把课本中易错的字"教"给家长，比如：

这个星期开始写生字，教学的重点是生字的书写，尤其是笔顺，尽管老师一再强调、反复示范，但有的学生还是不知道先写哪一笔，再写哪一笔。班级人数多，关注到每一个学生是很难实现的事情，尤其是教学字的笔顺，老师不可能看着每一个学生动笔写，恳请家长盯着孩子写写上课学的字。

"集中识字1"（第59、61、63页）的生字在"练习1"（第64、65页）上，其他的在每一课的后面。部分字的笔画名称是：

第59页：四（第4笔竖弯）、五（第3笔横折）、七（第2笔竖弯钩）、九（第2笔横折弯钩）。

第61页：小（第1笔竖钩）、鸟（第2笔横折钩、第4笔竖折折钩）、牙（第2笔竖折)，注意"火"的第2笔是短撇，第三笔是长撇。

第63页：水（第2笔横撇）、山（第2笔竖折)。

…………

对于笔画少的、易写错笔顺的字，可让学生在纸上一笔一笔拆开写，但笔画多的字不适合一笔一笔拆开写，那样做太费时间。在课堂上大范围了解学生的笔顺掌握情况的方法是做"描出某一笔"笔顺练习题：打印出笔画名称表上的空心字，标明让学生描第几笔。这项练习题目好出，但很难批阅，不像字、词、句、段的练习那样一目了然，老师往往批完整个班的几十份笔顺练习后还记不住答案。学生10分钟能交卷，老师却要用60个10分钟才能批阅完。要想及时批阅，老师就要事先做出几张答案，待学生交卷后，找几个做得快的、成绩好的"小老师"对照答案批阅。"小老师"边批阅边发给学生，老师负责批阅改正后的字（学生要一笔一笔拆开改正描错的字）。这样每一个学生的笔顺错误都能当堂得到纠正。

这张拆字的纸，学生描过之后，主动写给家长看，家长在上面签写"某某主动给家长写这一页的字，笔顺正确"。家长的签字可以给学生挣印章，这一页纸，家长可以隔一个星期签一次字，一共可以签3次。用家长的签字来挣印章，这对孩子来说是很有动力去做的事。孩子会主动写给家长看，家长则可以督促学生把笔顺写正确。

2014级学生学的是人教版教材，学完之后，我又教苏教版教材，两本教材要求写的

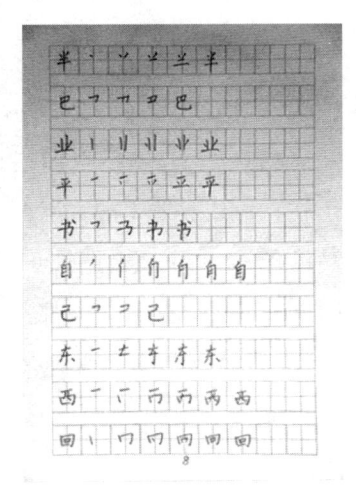

学生一笔一笔拆开写的字

字不一样。周一，有9个家长根据我的要求签了字，说明家长已盯着孩子写字，孩子笔顺正确，但我突然有些不放心。对待自己的学生，我就像对待自己的子女，生怕他们基础打得不牢固，以后没法儿建起"高楼大厦"。于是，我把教材中容易错的字提前写到小黑板上，挂到黑板上端，把这9个学生请上讲台，我念一个字，他们写一个字，全班学生当考官，笔顺错了的就下台，结果写到最后，还剩3个学生，这3个学生就成了检查笔顺的"小老师"。

我把苏教版、人教版中笔顺易错的字设成空心字打印成小条：

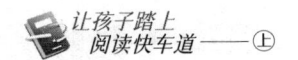

北 我 南 好 放 蚁 浪 阴 交 写 长 青
面 北 毛 知 丰 从 说 时 见 里 地 背
车 泉 厅 乐 渔 河 对 认 字 先 书 和
树 出 沙 蚂 也 听 许 点 公 开 村 头
你 来 去 的 在 火 牙 鸟 正 么 子 方

3个"小老师"一人教会一个"学生","小老师"就由3个变6个，然后由6个变成了12个……"小老师"每教会一个学生都要把"学生"带到我面前，找我再次检查，我抽几个难写的字让学生写一写，然后根据正确率奖给"小老师"1~5个印章。有的"小老师"提前把作业在家写完，在上课写作业的时间就主动问我要"学生"教。一开始"小老师"稀缺，很快，"小老师"就过剩了，我有意把"学生"给那些从来没当过"小老师"的孩子教，让他们也体验一下成功的感觉。就这样一对一地教，两天时间，全班52个学生都通过了笔顺的检查。

◎ 描红、空心字帖 ◎

至于在田字格中写字就更不用费心劳神了，因为将来学生写字是要离开田字格的。小时候我上一年级时老师就教我在田字格中写字，但我怎么写都不见效，没有章法可言。那怎么让我的学生写好字呢？照搬古人的办法吧！很简单，描红！我把课本的生字打印到一张纸上，字大大的，楷体。然后蒙上薄纸描吧，兴致勃勃地描吧！孩子们把透明度相当高的薄纸蒙在"韩氏"字帖上大描特描。对描字描图极有兴趣大概是小学生的阶段性特征吧，鲁迅小时候不也偷着描"绣像"吗？

就这样描哇描哇，我没有让家长给孩子听写过一次生字，但学生的期末试卷上竟然没出现几个错字。其他班的教师还赞扬我班学生字写得好。这真是"四两拨千斤"！

到了一年级下学期，我把全册的汉字组成词，设成30号楷体，到印刷厂用厚纸印成描红"词"帖。这样学生可以一边描字，一边记忆词汇。

可能由于电视、电脑的普及，现在的小孩子视力越来越差，于是我把字帖、词帖设成空心字，放到公共邮箱中，让家长自己印。每当在书店里发现给幼儿描字用的字帖，我也建议家长多买几本，那些幼儿字帖中的字一般是蓝色、绿色、红色，并且线条是虚的，孩子们描起来方便。

描红是练字的好方法。本来可以让家长从书店里买字帖给孩子描，但不少买的字帖虽然美观但不规范，还有很多没有教笔顺的字也出现在字帖上。描电脑上的正楷字有一个缺点，显得有些"死板"，但对小学生来说，规范是第一位的。写一手规范字，是学生必须练就的一项基本功。

◎ **自在、快乐的写字课** ◎

写字课上，在《春江花月夜》《高山流水》《梁祝》等的旋律中，学生静静地写字，我轻手轻脚地巡回指导，弯下腰轻轻提示："孩子，挺起胸写字。""这一笔写得不对，看老师怎么写。""哇，写得这么漂亮，真了不起！"有时，我也会坐在讲桌前，头正、胸直、足安，以和学生一样的姿势优哉游哉地练字。学生交上作业时，我边批改边表扬："恬恬的字写得真好，老师看了真舒服。""这次虽然写错一个字，但写得这么认真，也能上光荣榜了，下次不能再写错了。""徐亮亮写得这么好啊，长大了成了书法家，记得要送给韩老师一幅作品啊！"这样的表扬只是师生之间的悄悄话，不需要郑重其事地告知全班学生。写完作业后，学生便可以畅游书海了。自由阅读是我班一道亮丽的风景，孩子们已在白纸黑字中找到了快乐。

教室后面的书架上已有几百本图文并茂的书，写完作业的学生可以借书自由阅读。这种"不求甚解"、不求明察的自由阅读所蕴含的幸福、轻松对每个孩子都是一种诱惑，在有趣、没有负担的阅读中，书中的养料被孩子们愉快地吸收。当然，学困生依然有，但是他们一天比一天好，变化是显而易见的。"一年之计在于春"，百年人生在童年。给孩子一个美好甘甜的童年，给老师一个愉快轻松的心态，不跟学生太较真，因为有了"课

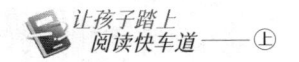

内海量阅读"为基奠，学困生也能学好语文。用薛炳群老师的话说就是"鱼养到大海里，想小都难啊"！

三、保证考试成绩的三项练习

"课内海量阅读"会不会影响考试成绩？家长们担心，有志于进行这项实验的老师也担心。读书多的孩子理解能力强，做试卷上的阅读理解题比其他学生容易得分，这一点儿毫无疑问。再把字、词等最基础的知识学扎实，学生的考试成绩就得到了保证。在低年级，只需给学生做两份练习，一份是词语表，一份是看拼音写词，再加上"临阵磨枪"做试卷，考试成绩差不了。

◎ 抄写"词语表"◎

同事小王给一年级的儿子辅导作业时，一边查字典一边大呼小叫："组个词怎么这么难？'小鸟'的'鸟'学了吗？'小孩'的'孩'也没学！'小床'的'床'学过吗？也没有！都没学怎么组词啊？"全办公室的老师一起帮忙才给"小"组了"大小""小人"两个词。这个难倒大家的组词作业，令大家感慨万分：一年级学生会写的字太少，苏教版第一册学完仅会写129个字，所以组词不但难倒学生和家长，也给老师自己平添了许多气。因为学生常用同音字组词，"小河"写成"小和"，"再来"写成"在来"……更无奈的是学生常把课本上挨在一起的两个字随意截取下来当作一个词。有个流传很广的段子：用"天"组词"天真"，再写成句子"今天天真热啊"。学生李浩冉用"长"组词"一长"，我给他打叉后，他"兴师问罪"："老师，'一长'为什么错了？课文上明明写着'日子一长，怀素竟然把木板写穿了'。怎么会错了呢？"我哑口无言，哭笑不得。

既然组词难就别让学生组词，照着课本抄写生字就行了，作业中的错误也减少了许多，老师也少生很多气，而且提高了学习课本的速度。那考试怎么办呢？两全其美的方法是在学完整册课本后，绞尽脑汁地把每一个生字都与学生会写的字组成三个词，打印出来，让学生反复认读，抄写两次，考试前再抄写其中一个词，这样下来，足以应对考试了。

下面是"词语表"：

第7页　秋收　金秋　秋风

烟波　烟火　香烟

芦苇　芦花　葫芦

编辑词语表的注意事项有：①标注每一课开头的页码，便于学生查找；②每个字的第一个词尽量从课文中找，加深印象；③所组的词前两个尽量是两个字的，方便抄写；④与生字组词的字不要由容易错笔顺的部件组成，尽量不用教学生就能照着写；⑤所组的词尽量容易理解。

◎ 反复练习看拼音写词 ◎

第二份练习是"看拼音写词"：

第7页　qiū gāo qì shuǎng　　jīn qiū　　qiū shōu　　qiū fēng
　　　　（　　　　　　　）（　　　）（　　　）（　　　）

上面的音节是根据词语表中第7页的词输入的，顺序略有不同。有的中高年级学生连音节都会拼错，从一年级开始就学拼音，学了五六年还拼不出来，岂非咄咄怪事？但现实就是这样。如果从一年级开始，在引导孩子阅读的同时多做一些"看拼音写词"的练习，那些"懒孩子""慢孩子"的拼读能力会得到很大提高。学生拼不出来时，可以拿出词语表自己找答案，对错马上知晓，有错立即就改，而不是留给老师来判断对错。老师经常提醒学生："做完后，对照词语表检查，全对的有奖。"这样既可以减少学生作业中的错误，也节省了老师批阅作业的时间。比起让学生自己组词，学习的效率高出许多。

当同样一份"看拼音写词"做两三遍之后，学生的思维已形成定式，老师再调整音节的位置，让学生再做一次，拼读、写字的能力又一次得到训练。再找几个全对的学生当"小老师"围着讲桌站一圈一块批阅，其他学生如果能找出老师、"小老师"的批阅错误，老师就修改批阅结果。批阅这样的练习不费吹灰之力，于是下课时，师生都完成任务，下课铃一响，

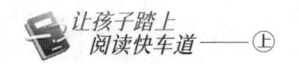

我常说的话是:"喝点儿水,然后到操场上晒太阳去。"孩子们嘻嘻笑地到操场上享受阳光、新鲜空气和玩耍的快乐,老师悠然自得地做自己的事情。

看了我的"应试高招",尤其是让学生抄词,有的老师可能想:"这样也太'机械'了,是不是堵塞了学生的创新之路呢?"

上一轮实验中,我对组词(认读的词,而不是"词语表"中要求抄写的一类字组成的词)的改革表现在把常见的"口头扩词"改为"大量读词":在屏幕上出示大量词语、句子、段落让学生认读。这一轮实验中我不再边查字典边搜肠刮肚往电脑上敲词让学生念,而是只念出现在教材中的词。至于书写生词,从一年级上学期的10月至12月中旬,我"潇洒"到一个词也不叫学生写。因为我有坚实的后盾:这个学期我领学生读熟了400多首儿歌,并认读了其中的生字。学生通过大量阅读在具体的语境中逐步掌握了越来越多的词汇。在不久的将来,这帮"小不点儿"会"胸藏万卷",他们在阅读中能无师自通地学会比较、"挑刺儿"和作者"抬杠"、在课堂上各抒己见。至于现在,我首要的工作是高效率完成教学任务,尽可能引领学生多阅读、多识字。老师的工作是往学生的脚下垫石头,而不是教学生如何成功地摘取月亮。

◎ 及时批阅、改正"看拼音写词"◎

低年级写话之所以难度大,我认为有两个原因。一是学生"读"不流利,"写"自然就词不达意;二是不会写的字太多,手写的速度跟不上思维的速度,还不具备熟练运用汉字表情达意的能力。所以在低年级作文"早起步"的结果,是出现了一部分作文方面的学困生。我在二年级大量练习"看拼音写词",就是为了让学困生熟悉生词的写法,避免以后错别字连篇。在低年级,优秀学生能写很长的一段,甚至成篇写,但学困生因为懒,因为能力差,仅仅能写几句话。最让老师头痛的是学困生的写话作业很难批阅,改错更是麻烦。时间一长,就出现两极分化现象。而"看拼音写词"的作业量是一样的,不会写的时候,可以查对答案"词语表",差生也具备当堂写完、改完的条件。

为了批阅得及时、仔细，我找学生当"小老师"批第一遍。

◇ 争当"小老师"

低年级小孩子写作业错字很多，并且一次一次改不对，老师批阅任务很繁重。加上了"小老师"这一关，很多学生的作业能一次"过关"。而且当"小老师"可以挣小奖状，调动了包括几个"懒孩子"在内的一部分学生的积极性，他们偶尔认真几次、提前写完作业的目的，都是拿到那支象征着权力的红笔。

老师给学生的课堂时间足够写完当天的"看拼音写词"。为了当上"小老师"，有的孩子愿意提前写作业，这样老师批阅作业的时间就被分散开了，避免挤到一节语文课上没有时间仔细批阅。每天早上，我就能收到十几个"要求进步"的学生的"看拼音写词"的作业，我早早批阅，学生早早订正，那些错误少、书写认真的学生的"大名"就登上了黑板一角，成为当天的"小老师"。

◇ 批阅方法

下面以贺文迪当"小老师"为例说明批阅方法。

贺文迪批完一份作业之后，用红笔写上"迪"。如果作业全对了，学生找老师检查，老师如果没有发现错误，就在作业上盖印章，并根据学生书写工整程度写上"1+3""1+2"……前面的分数（小奖状）是给"小老师"的，后面的分数是给学生的。

如果学生有错字，学生改错后再给"小老师"看，"小老师"批完改错再加一个字，写成"文迪"。学生如果一次又一次改不对，贺文迪就需要不断地加字，写成"贺文迪""贺文迪迪""贺文迪迪迪"……"小老师"签的字越多，说明学生改错次数越多。直到改对了，"小老师"才能打上对号，学生才能找老师检查。

"小老师"批阅改错的次数越多，得到的分数就越多，但学生改错次数太多就得不到分数了。为了避免"小老师""滥用职权"，老师还要再次批阅，发现"小老师"没有检查出的错字，"小老师"和"学生"都得不

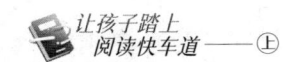

到分数。学生必须告诉"小老师":"老师给我检查出这个字,所以没有给你奖状。"这样就避免"小老师"下次再批错,而且对这些字的印象格外深刻。在我几十年的教学生涯中,我虽然能力有限,但一直为学生着想。让"小老师"参与批阅"看拼音写词",加快批改速度,全班受益,他自己也能受益,和老师偷懒不批作业而让学生批完全不是一回事。

◎ 为了大家的幸福只考五分钟 ◎

我向来不爱做监工,最讨厌的活之一是监考。如果在监考时做事呢?那是对监考工作的不负责任;如果不做事呢,看着学生答题,自己转来转去,浪费时间虚度光阴的感觉令我很不舒服。平日按部就班地上课,学生安安稳稳,一考试就浮躁,考试结束后集体莫名兴奋。可身为教师,我又不得不组织这令我生厌的考试。

在二年级时,我们反复做"看拼音写词"的练习,为了摆脱"监工"身份,我一律开卷练习。为了促使学生自觉做到"不会再看答案,看答案的字词要用彩笔做上记号,经常写一写",我准备了一张"每日5分钟微型测试卷"。每天下午的写字时间用5分钟测试,在这5分钟里,我的"四只眼睛"(连眼镜也算上)瞪得大大的,小朋友一个字也偷看不着,而且同桌、前后桌四个人的题是不一样的,想偷看也找不着地方。

"每日5分钟微型测试卷"是怎么来的呢?家长、老师都没有时间全程监督,了解我的做法之后,家长也可以学这一招"训练"你家宝贝。我把"看拼音写词"改了"页面设置","纵向"换成"横向",分四栏,印出来之后,把这一张A4纸剪成四小条,这些小条就是前后左右四个学生的卷子。这样一分割,一小条的内容不到原来一页纸的1/4,孩子不到5分钟就能做完,老师20分钟就能批完全班学生的小卷子,每次都错得多的学生当然要"吃不了兜着走",老师也送他一份"大礼"——一份空白练习。全对的学生当天就能得到奖励,没有作业。

得过且过的学生及时受到惩罚,是为了他能早一天对自己负责,对自己负责才能掌握自己的命运,才能得到真正的幸福。

这样的方法也能让老师、家长早一天摆脱"监工"这个出力不讨好的角色，做一个成功而又幸福的教育者。

◎ **临阵磨枪，既快又光** ◎

万事开头难，师生远离考试煎熬的关键在一年级上学期。从9月份入学一直到12月中旬，我把与考试相关的题型练习全部排除在我们师生的生活之外。

指导一年级学生做卷子简直苦不堪言，老师声嘶力竭，学生却一点儿也听不懂，真是高耗低效。即使用实物投影仪给学生进行讲解，还是有学生一脸茫然。老师只好再个别指导，学生好不容易明白过来，下次还是不会。学生的自信、教师的耐心都被卷子给挤到了九霄云外。我的解决办法是尽量晚一些做卷子训练。

新生入学后，我带领学生一直在读书认字，期中考试也取消了。直到过了元旦才让学生做第一张卷子——教研室发的单元测试题，每个题目上都带有注音。我没有"先扶再放"，而是让他们自己独立完成，如果不知道怎么做可以向老师询问，询问之前先把题读熟练。于是教室里热闹起来，孩子们有的一边写一边念，有的念半天还皱着眉头思考，有的跑到老师面前问："老师，'先加偏旁组成新字，再组成词'这个题我不会，我不知道什么叫'偏旁'。"遇到这样的题，我便抄写到黑板上让学生先念熟题目再讲解。

有了"海量阅读"垫脚，对付考试临阵磨枪也不晚，而且又快又光。

所以，即便是在备考的日子里，师生们依旧在课外阅读的海洋中遨游，全然没有了以往备考的焦虑辛劳。那些低级的苦不堪言的作业，那些把美好的文字肢解得支离破碎的习题，由于有了阅读的滋润变得不那么"面目可憎"。灿若群星的知识文化在课堂精彩纷呈，让求知若渴的学子一睹为快，为他们奠定幸福的书香人生打下坚实的基础。

5

澳大利亚考察报告
《东西方母语教学现状比较》

2012年9月，齐鲁名师一行22人在毕主任的带领下到澳大利亚参观学习20天，团队中从小学到高中各个学科的老师都有。我是一直工作在教学一线的小学语文老师，观察的重点自然放到了澳大利亚的母语教学（澳大利亚是移民国家，官方语言是英语，所以在此之所说的西方母语教学及澳大利亚的母语教学都指的是英语）上，对东西方母语教学的现状做了一番比较。

一、夹缝中的汉语教学

◎ 汉语教学曾一度受轻视 ◎

我当了25年小学语文老师，一度对母语教学的现状较失望。母语教学的空间相当逼仄。就小学语文的教学时数而言，五、六年级每周6节语文课（低年级8节，中年级7节），一节课有的是40分钟，有的是30分钟。一个学期最多20周的授课时间，一节按40分钟算，总授课时间不到100个小时。一学年用来学语文的时间也就5个昼夜而已。大家都知道，如果没有课后的补充，任凭老师分秒不停地讲或是学生屏息凝神地学足这5个昼夜，也不可能提升母语素养。而另一个不可忽视的真实情况是：一个人的母语习得课程基本集中在小学阶段，中学的语文课为每周5节，大学除中文系之外，基本不开设语文课。照目前的情形，6年，只凭30多个昼夜，只语文教材里掘井，依纲靠本地"深挖教材，讲透教材"，期望蓄足一个人一生所用的母语能量，怎么可能呢？

在澳大利亚的 20 天，我跟同团的各学段、各学科老师聊过现在学生的汉语水平，大家都感到学生的理解、表达能力越来越差，与十几年前学生的水平相比，不可同日而语。当时课改推行了十多年，实际上教学理念、方法并没有明显地改变，还是一本课本学到底，仅仅是课文内容换了一些。并不是说课改使汉语教学的水平下降了，而是汉语教学的课时少了，学生的汉语水平自然下降。

◎ **外语教学越来越被强化** ◎

现在，许多学校在一年级开设双语教学，6 岁的孩子，母语的词汇尚且少得可怜，还要再学习一门语言。倘若仅仅是练练口语，倒也未尝不可。然而，现在英语每个星期有 4 个课时，拼音可以忘记，但是，英文字母要求牢记，很多家长给学生报英语班，有没有报语文班的？耗费大量的精力，耗费母语学习的黄金期，就为了记住几个英语单词。一些人一厢情愿地以为学好了英语，我们的科技能力就会有突飞猛进的提升，我们的强国梦就会很快实现。英语固然重要，但对英语的重视程度超过母语汉语，可以说是本末倒置了。

为什么我们让孩子多读一点儿生涩拗口的古文就总是遭到批评，认为把不懂的东西强硬地灌给孩子是揠苗助长，那些奥数呀，英文单词呀，哪一个是孩子真正自通的？那些课程一节接着一节，难道比体味汉语的美妙更重要吗？我们要静下心思考我们费了那么大的心力让孩子们学到一些什么。

我在澳大利亚定点听课的玫瑰小学有 400 多名学生。西方学校每个班的学生人数少，全校约 20 个教学班，只有一个老师教全校的外语课（日语）。澳大利亚的老师工作量很大，每周要上足

在日语课上玩的低年级学生

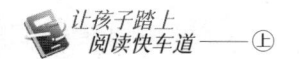

25节课才算满工作量，如此计算，每个班一周只上一节外语课。我们听了他们半节低年级的外语课，先教了几个中文、日文词汇，然后就让学生画画、折纸玩起来。正巧看到于伟利老师寄宿的那个家庭的小姑娘，我问她："画画和学日语有关系吗？"她说不知道。通过翻译跟教日语的老师聊天，我们得知经过7年（澳大利亚1—7年级为小学）的外语学习，学生能说简单的、常用的日本话，但不能达到自由阅读的程度。我听了不禁哑然失笑，中国的英语课时如此之多，小学生也不能自由阅读英文。

二、踏上澳大利亚交流、学习之旅

9月1号，我们踏上了去澳大利亚的路途。说句实话，对这次出远门，几年前我就视之为畏途，因为我在家睡眠尚可，一出门就难以入睡，即使旅游也失眠，到澳大利亚20多天，异国风光虽美，但这么长时间失眠如何受得了？况且我信奉"不出户，知天下，不窥牖，见天道"。中国人有数千年汉语教学的经验，我们还没有了解多少，需要不远万里去国外学习他国的教学理念吗？

无数次听好友陈琴描述她在西方国家的见闻，说到西方学生对阅读的喜爱，说到广场上、车站里那些席地而坐的阅读者，从她的描述中，我隐约感到在遥远的大洋彼岸，澳大利亚的老师正在实践着我心目中的理想教育。随着中外教育交流越来越频繁，我也有机会前往澳大利亚交流、学习，体会异域风采，于是欣然前往。

就这样，怀着期待来到了澳大利亚的阿德莱德。澳大利亚的教育教学会不会给我一个满意的答案呢？

三、重视学以致用的澳大利亚教育

首先在当地听几个官员讲澳大利亚的教学大纲。第一天就亲耳听到了我最希望听到的，和我的理念、做法相符合的话：

澳大利亚没有统一的教材，教学大纲只规定框架，如何达到教学大纲的要求，老师自己探求合适的教学内容。教育部只制定最终目标，怎么达标是老师的工作。老师的工作是创造性地把大纲要求的知识、能力等教给学生。

教学大纲重视语言的应用，学生在学习语言的过程中提升自己。

考试评估由老师决定，只有到了12年级学生才参加全国统一的考试。

这些话让我兴奋极了，异国他乡竟里有实验海量阅读的肥沃土壤，我讨厌一本课本学到底和以课本为内容的考试，这样会束缚我进行海量阅读。尽管我两个星期教完教材能省出相当多的课堂教学时间用于读课外书，但期末考试前还要复习两个星期。按照语文课本的难度，用一个星期学完足矣，但就因为那是课本，大家要教一个学期的课本，所以我要用四个星期的时间来与它纠缠。在考试评估由老师决定的澳大利亚，老师教学就没有这样的烦恼了。

考试评估由老师决定，评估细则要公开给学生和家长。在后来的参观学习过程中，我无数次听到这样的介绍。我的海量阅读教学也是这样做的，在共读一本书前，我公布星级评价标准，共读过程中不断修订评价标准，学生根据自己的能力选择适合自己的标准，他们十分明确自己的达标情况，老师随时把评价的结果反馈给家长。

"学以致用"更是我语文教学一直坚持的教育理念。

"少小离家老大回，乡音无改鬓毛衰。"81岁高龄的夏衍来杭州主持"金鸡奖"颁奖典礼，带着儿子到严家弄忆故园之情，会旧时好友，慰游子之心。

短短的路仿佛没有尽头似的，近乡情更怯，我可受不得"儿童相见不相识"的苍凉。

中秋佳节，"海上生明月，天涯共此时"，海外华人华侨的心都紧紧地联结在祖国母亲上。

"江畔何人初见月，江月何年初照人。"时光的流淌造就了人世间多少的沧桑和无奈，岁月看似无情，其实有情。

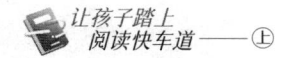

这是我正在编写的唐诗书稿中的答案。

我教学中的学以致用比起澳大利亚教学的学以致用实用性明显是小巫见大巫。在澳大利亚的小学、初中、高中，学生是为了应用才去学习，比如他们的戏剧表演课是语言类的课程（类似语文课），学生在排练话剧的过程中学习语言，语言就不只是写在纸上的字，而是具有了声音、感情等因素，这比起我写在纸上印在书上的学以致用实用价值更高，对学生潜力的开发更明显。我绞尽脑汁整理学以致用的句例是在有限的语文教学空间内孤军奋战的无奈之举。澳大利亚的教育拥有一个完整的体系，各科老师相互合作：

孩子们从小就有机会在课堂上、从实际生活中的事物去学习、探索，自然而然在历经中小学、职业教育甚至是高等教育的过程中，借着接触新的事物的机会，培养出思考与创造的能力，进而对我们生活周遭的环境与动物产生理解与认同。澳大利亚的各个产业，努力地将各自繁复的专业，化为简单的课程，落实在孩子们的教育中。

仔细观察澳大利亚整个课程的规划，他们的课程规划的确运用了不同的方法与多元的模式，注重引导孩子们从兴趣中了解不同学科与学习领域的内容，让整个教学过程，能更务实地贴近日常生活，也更合乎人性。

虽然语言不通，但在澳大利亚的日子里，我真真切切地感受到上面摘录的这段话的内涵。各科教学都重视实用性，重视母语教学，所以澳大利亚学生没有课业负担，却人才辈出，出现了20多个诺贝尔奖得主。

四、雾里看花的澳大利亚英语教学

◎ 到底有没有课本 ◎

没有课本的母语教学，可以大展手脚，我举双手赞成。第一周我们参观了数所学校，大部分是完全高中（初中、高中）。每到一处学校，我先观察有没有学生在学习课本。12年级（高三）有两个班在学习数学，校长说高考前半年为了备考才学课本，其他年级的学生都在探讨问题，比如有个班的学生在研究某块地要不要开矿，学生扮演不同的角色：在那块地旁准备开商店的小商贩、当地居民、政府环保官员、矿业主……学生就这块地要不要开矿，从不同的角度进行论证，在论证过程中会遇到数学、物理、化学等各种学科的知识，通过实地调查、查找资料、向老师、同学请教等方式解决问题。

我们在另一所学校也见到两个学课本的班级，课本都是旧的，听当地教育部陪同的王老师说，澳大利亚学校的课本是放在教室里的，如果教学需要用课本，学生就从教室里拿，下课时再放回教室。如果需要带回家，就到图书馆借用。澳大利亚的课本价格相当高，学生都不买课本。根据我的提问，王老师接着告诉我：澳大利亚考试不考死记硬背的知识点，考试题都是开放性的题目，学不学课本与考试成绩无关。在中国发行量众多的教辅资料，在澳大利亚没有一点儿市场。

澳大利亚到底有没有课本？到澳大利亚的第一个星期，了解到两个不同的答案，我越来越糊涂了，但有一点是越来越确定，不论有没有课本，在澳大利亚，没有人拿课本当回事。第二周，我寄宿的家庭中有一个女儿上小学，一个女儿上高中，他们证实了学生书包里没有课本之说，学校里有课本，但不常用。我"课内海量阅读"教学在中国被视为非常规的个性化教学，在实验过程中，我备尝辛酸，饱受争议，如果在澳大利亚，那就再正常不过了。

◎ **面对统一考试为什么不紧张** ◎

还是从我关注的阅读开始谈统一考试的话题。先从《没有教科书，给孩子无限可能的澳洲教育》中摘录几段话：

2006年，澳洲统计局公布了一份针对15岁以上的澳洲人所作的统计报告，报告显示，有多达62%的澳洲人，把阅读当作他们最喜欢的活动，而不是冲浪，不是打高尔夫球，不是品酒。其中，阅读最频繁的，竟然是45岁到65岁的人。

澳洲人认为"阅读"是攫取知识的基本要件。养成阅读习惯，人才

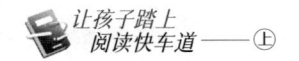

能吸收与理解资讯，再进一步整合成自己的知识，通过口语表达出来。因此，"阅读"可以说是一切学习的根本。那么，澳洲人为什么这么喜欢阅读呢？

澳洲阅读风气的引导，除了有赖于早期西方教育中对阅读的重视与训练，澳洲政府与民间各种机构的合作与带动是相当大的推手。1998年，为了提高澳洲全民的读写与数学能力，中央政府与各州政府联合推动"国家读写与数学计划"，政府编列37亿澳元预算，逐年拨给各州政府与各级学校，优先作为各学校购买书籍与培训老师专业教学能力之用。

白花花的银子拨下去，自然要验收成果。2008年，澳洲全国性的"国家读写与数学测试"开始启动，每年在同一天，统一针对全国中小学三、五、七、九年级的学生作检定，结束了各校各自评鉴、标准不一的情况。当然，国家读写与数学测试的执行宗旨在网站上写得清清楚楚，明明白白，测试的目的，主要是了解学生的学习情况，以供师生作为改进教学与学习的参考。

第一天听当地教育部的官员介绍，澳大利亚12年义务教育过程中只进行一次全国统一考试。教育部的另一个官员又说，为了让全国的年轻人享受平等的教育，从2011年开始实施教学大纲，这是澳大利亚第一部在全国实施的教学大纲。教育部官员和校长解释，实施统一的教学大纲是因为人口流动性大，为了贯彻平等、卓越的教育原则，希望让所有年轻人享受世界级的教育。

一个人的学习过程是经不起折腾的，就像煮饭，如果没有熟的时候总是揭开盖子去看，这个饭绝对是夹生饭，而且煮到最后都很难熟，味道也不好。煮饭就得让它焖着，一直焖，焖到最后才揭开盖子看，这个饭才能煮好。不断检测孩子，容易让孩子心理疲惫。

怀着这样的疑问，我不断地找人询问，先问一个有着四个孩子的妈妈，一个团员寄宿的家庭的女主人，我们猜测她可能是法国或德国移民，颇具贵族气质。她说："如果考坏了，会影响到给学校的拨款数额，考得不好学校得到的拨款少，有的家长也不喜欢这种考试。"我太吃惊了，与拨款联系在一起，这比中国还厉害，为了取得好成绩那还不得拼老命了？可我所见到的澳洲的师生很自在，没有什么课业负担，怎么回事呢？难道是翻译错了？问当地教育部的华人工作人员王先生，估计他已经被我的这个问题搞得不耐烦了。两个星期以来，我从不同的角度、对不同的人反复询问这个话题，游玩的时候也抓着他问。王先生是三个孩子的父亲，在第一个孩子上小学一年级时移民到澳大利亚，他又是教育部的工作人员，因此他对澳大利亚教育了解颇深。这次再问，他说："学校愿意参加统一考试就申请，不愿参加也不能强行要求，自由得很。"周五晚宴时，我们正巧和一个中学校长同桌吃饭，那个中学校长说："如果哪个学校通过测试的学生比例低，政府会增加投资。"和家长说的正好相反，到底谁说的对？让翻译再问，晚宴已到了高潮，那些澳大利亚校长和官员们也到处碰杯，翻译找不到机会再问这种与酒宴气氛不相符的严肃话题。问我寄宿的家庭的家长林先生和他上七年级的小女儿，人家回答不知道有统一考试这回事。看来中学校长的回答是正确的，哪个学校考得不好，政府就多给钱，所以没有人对考试感到紧张。面对统一考试，因为国情不一样，政策不一样，澳大利亚人和中国人的表现还是很不一样，澳大利亚人不需要为考试而折腾。

五、至高无上的母语教学

◎ 阅读等级测试配备完善 ◎

林先生的小女儿要到学校排练节目，林先生提前一个小时把我们送到学校，教师休息室里人来人往，我担心人家会问什么，因为我像个傻子一样一句听不懂，所以就抱着书在校园边走边看。草地边一个中国男人和一个澳大利亚老师在谈话，他们老远就朝我打招呼。中国男人有两个孩子，都在我听课的学校上学，小女儿上一年级，每天的作业是回家读一本薄薄的小书，此外没有其他家庭作业。晚上校长邀请我们和我们寄宿的家庭的家长吃饭，我跟于老师寄宿的家庭的家长谈起小孩子的家庭作业问题，她说她上一年级的女儿上学一段时间后每天带回家一本五页左右的小书，到了下学期，孩子每天带回家一本20多页的书读。书的封面上贴着数字，那是阅读等级，老师要测试学生的阅读情况。老师怎么测试呢？家长也不知道，就替我请教她身边的校长，校长说："学前班到2年级的阅读等级分30级，1—5级达标速度慢一些，他们玫瑰小学的学生阅读水平普遍高一些，一年级学生到下学期末基本能达到25级，就能自由阅读了，就不再需要老师进行过多的指导和检查了。"我又问读哪一类的文章，家长说五花八门什么都有。校长说莎士比亚等经典作品，初中有专门的文学课，小学可不读经典。校长让我们第二天去观看老师测试学生阅读的情况。

第二天早上第一节课，我们来到一个低年级教室，老师先发给学生一篇文章，把其中的部分单词贴到黑板上领学生读，让学生从文章中找出这些单词读一读，然后布置学生分组活动。老师和一个学生坐在教室中间的椅子上一对一地测试。

学生拿着一本薄书读，老师手中拿着一页复印的A4纸，上面的文章与孩子读的书中的内容一样。老师一边听一边在纸上做记录，虽然语言不通，但我能猜得出意思：有的单词，孩子读错了，老师标出来教他读；有的句子孩子读得不熟练，老师标出来让孩

低年级的老师在做阅读测试

子再读一次。读完后，老师翻过做记录的那页纸，纸的反面有问题，老师让学生口头回答。最后，老师统计读错的比例，并通过翻译告诉我们，这个在我看来读得并不流畅的学生读错的单词并不多，老师认为他通过了这一级的阅读测试。老师复印的阅读检查记录纸是哪儿来的呢？那位和气的、胖胖的女老师抽出一本书翻开给我们看，原来有"教学参考书"可以拷贝。老师又指了指教室四周文件盒中的图书告诉我们，分级达标的图书

都在盒子里放着，学生可以在学校读，也可以借回家读。中午这位热心的老师又领我们到教师休息室旁一个开放的小资料室，那里有老师们的备课记录，也有供学生分级阅读过关的图书。

这是学生在课堂上读的 2 级图书 　　　　这是英语老师的阅读测试记录

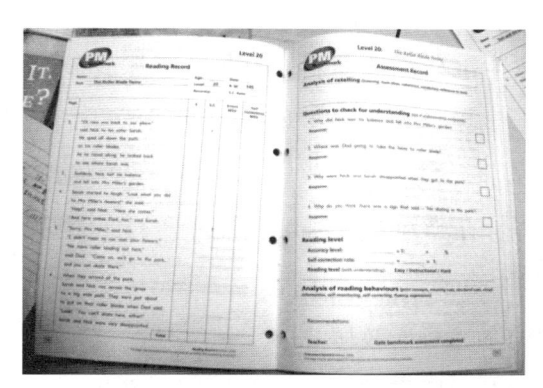

老师用的阅读测试内容来自这本"教学参考书"，
一面是文章，一面是问题

老师随手拿过一盒 2 级阅读　　　低年级教室四周的桌上放着数盒
过关的图书给我们看　　　　　　　阅读达标用的图书

开放的小资料室中的
各级阅读达标图书

同一编号的数盒图书放在一起

当我看到这些无人管理的、完全开放的阅读分级达标资源时，禁不住出声感慨："在澳大利亚当母语老师真幸福啊！在这里进行'课内海量阅读'真是方便极了，哪像我，先要寻找适合学生阅读的图书，还要整天趴在电脑前为学生准备阅读材料，累得头晕眼花腿抽筋。"一个学前班老师还告诉我们，学校每年给每个班2000澳元，用于老师自行购买教学资料。

我一下子理解了在当地教育部培训时听到的那句话"考虑到各种学生的需要，并配齐所有资源"。

◎ 美术作业中渗透母语教学 ◎

在一个教室中看到低年级学生正在画画，学生画画的纸上有一句话，或者一段话。

学生画画的纸

上面两幅图的大意分别是：

1. 花随风在跳舞……

2. 风吹得很厉害，花瓣掉了，有的种子掉到地上，有的种子随风飘啊飘……

我一看乐坏了，这不是用美术来教英语吗？对于这种形式，我直接可以拿来应用：明年教学一年级时，设计各种类似的"阅读配画"，在图下面配上各种好玩的文字，生字要注音，喜欢画画的学生可以在上面的空白处画画，贴在教室的墙上展览。

◎ 科学课上贯彻英语教学 ◎

第一周参观时，我问过几个校长："学生在各科的课堂上自由阅读的时间有多长？"有两个校长告诉我："没法准确计算，大约每天都会给学生2个多小时的时间自由阅读、查阅资料，有时是查阅书籍，有时是用电脑上网阅读。澳大利亚的中小学教室里都有给学生准备的笔记本和充电设备，教室里可以无线上网。"

第二周在玫瑰小学，我听了一节说不清是英语课还是科技课的课，大概是澳大利亚课程表上叫作"探索"的科技课。

老师先发给两个学生一堆卡片，这卡片是加了塑料薄膜的成品，这一点让我无限羡慕，这些材料都是现成的。这些卡片有的只有一个单词，如"下雨""海啸""龙卷风"……有的卡片上有一段话，是对那些单词所写的自然现象的描述。两个学生紧张地排列着那些卡片，排完的找老师检查，

学生趴在地上排列卡片

检查合格后，老师给学生一本小书，先阅读再做题目。澳大利亚的科学课与语言课有什么区别？仅仅是读的内容是科学的方面的而已，这样的科技课比阅读课的效率还要高。

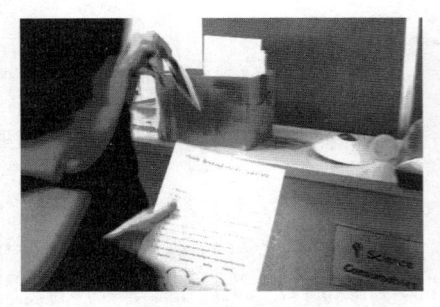

排完卡片的学生再领新任务

排完卡片的学生领到一本写天气的小薄书阅读

与印尼籍学生（右）合影

◎ 宽松自由的图书馆课程 ◎

玫瑰小学每周有一节课在图书馆里上，老师带学生到图书馆，学生可以看书，可以借书。有的孩子一进图书馆就在门口的一排电脑前刷码借书或还书。

学生在门口刷码借书或还书

墙角的坐垫

与趴在地上阅读的小男孩合影

在玫瑰小学的一个星期，我们经常路过图书馆，多次看到孩子们读书的情景。他们不需老师管理，自己借书、看书、还书。图书馆里的书单从数量来说，比中国学校的许多图书馆少，但能看得出，书都被学生多次借阅过。

2007年暑假，我曾苦读了20多本英美国家的教育译作，后来又把美国的畅销书《朗读手册》反复阅读数遍，知道美国的教育把阅读教学放到高于一切的高度，甚至当作改变一个国家风气的举措来做，这次目睹澳大利亚教育对母语的重视，这让我更感觉到一个语文老师的责任重大。孩子如果错过了童年和青少年时期对阅读的培养，将来很难再爱上阅读。对阅读缺乏发自内心的喜爱，教书的人没有对阅读痴迷，又怎能期望学生爱上阅读？汉字是世界文明古国所产生的原发性文字中唯一还在使用的文字，是世界上唯一仍被广泛使用的高度发达的表意文字，我们应视为珍宝。对待自己的母语，我们怎么重视都不过分。

这是学校发的通知，打印成很大的字贴在墙上

20天的澳大利亚之行很短暂，再加上语言不通，对澳大利亚教育的了解仅仅是蜻蜓点水而已。我在澳大利亚学习和游览的日子里，我的包里一直装着一本书，在欣赏美丽的异国风光之余读上几页，优美的文字在青山绿水的浸润中格外令人迷醉。阿德莱德的草地，堪培拉的公园，都是我的阅读之地。

母语是一个人的思维语言，母语贫乏意味着思维受限，母语枯竭意味着思维枯竭。在孩子的黄金年龄，一定要夯实母语教学的根基，澳大利亚的学校把英语（澳大利亚的母语）课排在早上第一节，其他学科的教学都倾向于母语的教学，这就是在做夯实根基的事。我们要敞开胸襟，学习西方之长，同时也要固守本源，学好汉语，赓续中华文脉，将我们的语言深深融入自身血液之中。